Barbara Veit/Hans-Otto Wiebus

HASS MACHT DIE ERDE KALT

Die Wurzeln des Rassismus

W0195101

Peter Hammer Verlag
gemeinsam mit der Deutschen Welthungerhilfe

Vor Drucklegung dieses Buches konnten nicht alle Textquellen lückenlos ermittelt werden. Wir bitten, daß sich ggf. Rechteinhaber beim Verlag melden.
Peter Hammer Verlag

Die deutsche Bibliothek – CIP-Einheitsaufnahme

Veit, Barbara:
Haß macht die Erde kalt : Die Wurzeln des Rassismus /
Barbara Veit ; Hans-Otto Wiebus. [Ill.: Magdalene Krumbeck]. –
Wuppertal : Hammer, 1993
    (Peter-Hammer-Taschenbuch ; 81)
    ISBN 3-87294-544-0
NE: Wiebus, Hans-Otto:; GT

© Peter Hammer Verlag 1993
Alle Rechte ausdrücklich vorbehalten
Umschlaggestaltung und Layout: Magdalene Krumbeck
Illustrationen: Magdalene Krumbeck
Satz: Data System, Wuppertal
Druck: Clausen & Bosse, Leck

INHALT

VORWORT

»Rassismus ist eine Mischung aus persönlicher Katastrophe und Ausdruck der Befindlichkeit einer ganzen Gesellschaft.«

Dies ist das Fazit des Buches, in dem das Autorenpaar Barbara Veit und Hans-Otto Wiebus die Entstehung des Rassismus bis hin zu den Übergriffen auf Asylantenheime in unseren Tagen verfolgt.

Politik und Wissenschaft, Elternhaus und Schule: Alle diese gesellschaftlich relevanten Bereiche haben ihren Teil zu der Entwicklung beigetragen.

Vor allem suchen die Autoren die Ursachen für Haß und Gewalttätigkeit gegenüber Fremden in unserer Industriegesellschaft: Wo nur noch Geld, Konsum und Macht zählen und Konkurrenz regiert, ist Individualität wenig gefragt, stört jeder, der sich unserer Lebensweise und unserer Kultur nicht anpassen und unterordnen will. Dabei wird außer acht gelassen, daß unsere Kultur nur durch die vielfältigsten Einflüsse anderer Kulturen entstehen konnte: Ob Sprache, Kunst, Wissenschaften oder alltägliche Dinge wie Möbel und Essen: Alles wird gespeist aus den Einflüssen fremder Kulturen, die unsere Gesellschaft und ihre politische Struktur prägten und immer noch prägen.

Wenn heute Arme und Verfolgte überall in der Welt ihre Rechte fordern, wenn sie gar Zuflucht bei uns suchen, erzeugt das Angst, Mißtrauen und Gewalt. Man könnte den Fremden aber auch ganz anders begegnen: mit Neugier und mit Offenheit für Neues, Andersartiges. Man könnte mit ihnen sprechen, essen, Gebräuche und Umgangsformen vergleichen, Musik hören, Geschichten erzählen...

Positive Beispiele für Verständigung gibt es inzwischen genug: Lichterketten als Zeichen der Solidarität, Telefonketten zum Schutz gegen bedrohte Ausländer, Patenschaften für Asylsuchende, Runde Tische in Ordnungsämtern für Planung von Stadtaktionen, Schulaktivitäten zum Kennenlernen anderer Kulturen, Arbeit mit rechtsextremen Jugendlichen, Bürgerinitiativen gegen Fremdenhaß und für konkrete Hilfsaktionen vor Ort.

Wichtig erscheint mir vor allem, in Elternhaus, Schule und allen gesellschaftlichen Bereichen offen und neugierig zu sein für Fremdes und Kontakte mit ausländischen Nachbarn zu suchen, um voneinander zu lernen.

Ausländer sind wir schließlich alle außerhalb unserer Heimat. Rassismus ist kein naturgegebenes Phänomen, das einfach hingenommen werden muß, sondern von Menschen verursacht.

Jeder sollte deshalb dazu beitragen, Gewalt und Haß vorzubeugen und Rassismus zu beenden.

Das ist der Grund, warum die Deutsche Welthungerhilfe gerade dieses Buch fördert: Als Fürsprecherin der Armen setzt sie sich nicht nur in Afrika, Asien und Lateinamerika, sondern auch in unserem Lande für die Rechte der Betroffenen ein.

Wir alle können, wir müssen unseren Beitrag leisten für die offene, tolerante und lebendige Gesellschaft, für ein friedliches und gerechtes Miteinander, hier und überall in der Welt.

Helga Henselder-Barzel
Vorstandsvorsitzende der Deutschen Welthungerhilfe

EINLEITUNG

▨ GESPENSTER SIND MAHNER

Noch nie in der Geschichte der Menschheit wurde soviel von Menschenrechten gesprochen wie heute. Es gibt die UNO-Menschenrechtskonvention, in der die Würde des Einzelnen geschützt wird, gleich welcher Hautfarbe, welcher Religion oder welchen Geschlechts er/sie ist. Die meisten Staaten dieser Erde haben diese Konvention unterzeichnet. Trotzdem werden in unzähligen Ländern Menschen aufgrund ihrer »Rasse«, ihres Anders-Seins, verfolgt oder benachteiligt. Auch in Europa, das sich als besonders demokratisch und menschenfreundlich empfindet, geht das Gespenst des Rassismus um. Häufig ist es eng verbunden mit rechtsextremen und faschistischen Ideen und Gruppen, doch auch ganz »normale« Bürger sind nicht frei von Ablehnung, ja Feindschaft gegenüber Anderen.

Hinter dem Gespenst des Rassismus steht das Gespenst des Hasses. Rund 50 Jahre nach dem Ende des Dritten Reiches ist auch Deutschland wieder Schauplatz brutaler Entladung gegen Schwächere, Fremde, Asylsuchende. Die Wurzeln dieses Hasses reichen tief hinab. Es sind historische, gesellschaftliche, seelische Wurzeln. Nur wenn man diesen Wurzeln nachspürt, kann man ihre unheilvolle Kraft bannen. Unzählige Menschen aber weigern sich, ihre eigene Geschichte zur Kenntnis zu nehmen, genauso wie die Geschichte ihrer Gesellschaft, ihres Landes. Solange diese Verleugnung andauert, werden sowohl gesellschaftliche als auch persönliche Vergangenheit immer wieder lebendig, Gespenstern gleich, die nicht zur Ruhe kommen.

Ein Beispiel dafür sind die rassistischen Gedanken, die nicht nur von Neonazis heute wieder offen ausgesprochen werden.

Wir haben ein sehr deutliches Beispiel dafür ausgewählt, ein Flugblatt der inzwischen verbotenen »Nationalistischen Front«, einer besonders radikalen Gruppe von Neonazis:

SIE KOMMEN!

seit Jahrzehnten und in Massen:

Türken, Kurden, Griechen, Italiener, Jugoslawen, Polen, Vietnamesen, Zigeuner, Afrikaner, Araber-Asylanten in Mengen, die längst unsere finanziellen Mittel überschreiten!

Ohne Einschränkung!

Sie fordern und bekommen

- Geld in unglaublichen Mengen,
- Wohnungen,
- Arbeit,
- Integrationshilfen verschiedenster Art,
- immer mehr Kinder.

Wir bekommen

- weniger Wohnungen
- weniger Arbeit und Ausbildungsplätze
- weniger Renten und Unterstützung im beruflichen wie schulischen Ausbildungswesen, immer weniger Kinder.

erhalten dafür durch unsere »ausländischen Mitbürger«

- mehr Kriminalität
- mehr Vergewaltigungen
- mehr Umweltverschmutzung
- mehr antideutsche Propaganda
- mehr Drogen

- mehr soziale Unruhen
- mehr Probleme an den Schulen
- mehr Überfremdung
- mehr Fremdbestimmung
- mehr, mehr, mehr . . .

Das Chaos ist vorprogrammiert!

Verantwortungslose, kurzsichtige und böswillige Politiker aller etablierten Parteien haben uns das eingebrockt. Mit unglaublicher Arroganz und Dreistigkeit betreiben sie weiterhin eine aggressive Integrationspolitik auf Kosten unseres Volkes und seiner Nachkommen.

»Minderheit im eigenen Land«

hört sich für viele heute noch utopisch an, doch die Weichen sind längst gestellt und mit Volldampf geht es in den biologischen und kulturellen Volkstod!

Das machen wir nicht mit!

Ähnliche Töne kann man auch von den Republikanern hören und selbst Politiker demokratischer Parteien lassen es an Deutlichkeit nicht fehlen.

Wenn man das Flugblatt genau liest, so besteht es ausschließlich aus Unwahrheiten, Vorurteilen, Hetze. Es ist ein Manifest des Hasses und des Neids. Ein Manifest, das die Deutschen zu Verfolgten, Eingekreisten, zu Opfern einer internationalen Verschwörung macht. Ganz ähnlich hat Hitler einst argumentiert. Es ist ein Aufschrei der Zu-Kurz-Gekommenen, die ein Feindbild aufbauen müssen, um endlich zuschlagen zu können. Alle genannten Argumente kann man leicht widerlegen, denn nur wenige Fremde finden auf Dauer Aufnahme in unserem Land. Doch mit Gegenargumenten sind Rassisten nicht zu überzeugen, weil ihr Haß eine tiefere Ursache hat.

Es sieht so aus, als hätten Politiker auf allen Ebenen wenig dagegen, daß Haß gegen Ausländer tagtäglich praktiziert wird. In vielen Fällen sieht es so aus, als schüre man diesen Haß sogar durch vermeintlich ungeschicktes Vorgehen. So werden z. B. Asylsuchende in besonders problematischen Vierteln von Großstädten untergebracht, werden Heime einfach irgendwo auf die grüne Wiese gebaut – am Rande eines Dorfes, oder inmitten einer Schrebergartensiedlung. Die Menschen, die künftig mit den »Fremden« leben sollen, werden nicht informiert, nicht vorbereitet. Die Asylsuchenden, die Flüchtlinge werden kaum betreut, nicht mit den Sitten und Gebräuchen ihrer neuen Umgebung vertraut gemacht. Zusammenstöße, Ärger, ernsthafte Konflikte sind auf diese Weise vorprogrammiert. Schnell sind damit Sündenböcke geschaffen, die Schuldigen für Schwierigkeiten gefunden, die heute ganz Europa betreffen. Wenn die Angst vor der Wirtschaftskrise, vor Arbeitslosigkeit und Verzicht auf Asylsuchende und Ausländer abgewälzt werden kann, dann haben es die Politiker leichter, ihr eigenes Versagen zu vertuschen.

In unserer unruhigen Welt, die sich in einer heftigen Umbruchzeit befindet, gibt es unzählige Verfolgte und Verzweifelte. Es gibt außerdem eine wachsende Mauer von Ablehnung und Haß, eine Mauer, die von vermeintlich Besseren, Reicheren gegen vermeintlich Schlechtere, Ärmere gebaut wird. Rassismus ist ein Baustein in dieser Mauer.

DAS BILD DES FREMDEN

Es gibt viele Vorurteile auf der Welt: Dicke sind gemütlich, Italiener singen gerne, Brasilianer können gut Fußball spielen, Schwarze sind ausgezeichnete Tänzerinnen und Tänzer, Deutsche sind stur und fleißig ... Vorurteile sind, das weiß jeder, eigentlich Unsinn. Und dennoch: Ein bißchen was ist immer dran, denken viele, und – ganz von ungefähr werden solche Vorurteile nicht kommen.

Unser Bild von den Menschen in anderen Ländern hat meistens nichts mit eigenen Erfahrungen zu tun. Es besteht vor allem aus Vorstellungen, die zum allgemeinen Wissen zu gehören scheinen. Zum Beispiel solchen: Wir in Mitteleuropa leben in relativem Wohlstand, weil wir fleißig sind und ein vernünftiges Wirtschaftssystem haben. Wir genießen verhältnismäßig viele Freiheiten, weil wir in demokratischen Staaten leben. In anderen Ländern hingegen werden Menschen unterdrückt (durch Religionen wie den Islam etwa), von bestechlichen Stammesfürsten oder unfähigen Staatsmännern ausgebeutet. Wären die Menschen und ihre Kultur in diesen Ländern »soweit wie wir«, so denken viele, dann gäbe es dort weniger Armut und Unterdrückung. Tatsächlich gibt es viele Länder, in denen Menschen bereits wegen einer abweichenden politischen Meinung

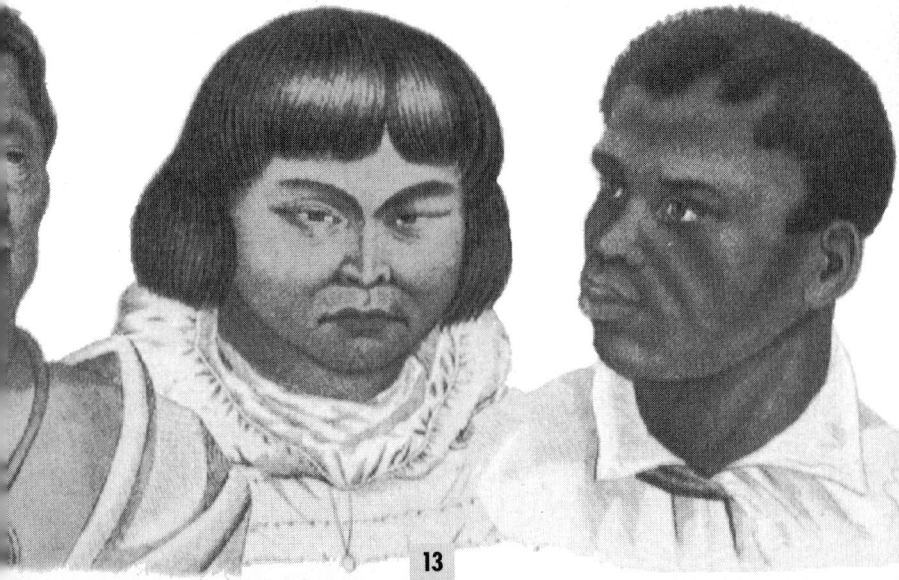

ins Gefängnis geworfen, oder gar gefoltert und umgebracht werden. Um beurteilen zu können, ob und wie Menschen in anderen Gesellschaften wirklich unterdrückt werden, muß man allerdings sehr viel über diese Länder, ihre Kultur, ihre Geschichte, ihre Religion wissen. Oder besser noch: Die Beurteilung den Menschen dieser Länder überlassen.

Genauso muß man sich natürlich fragen, ob unser Begriff von Wohlstand für alle Menschen auf der Welt gelten soll und kann. Besitz ist für viele Leute bei uns überaus wichtig. Für Menschen in anderen Kulturen dagegen kann Eigentum eher nebensächlich sein. Bei dem Volk der Herero in Namibia zum Beispiel, das vorwiegend von der Rinderzucht lebt, gehören die Weiden allen. Niemand käme auf die Idee »seine« Weidefläche besitzen zu wollen. In der traditionellen arabischen Gesellschaft ist es üblich, sich innerhalb der Großfamilie zu unterstützen. Wer Geld hat, teilt mit Geschwistern, Cousin oder Cousine, Tante oder Onkel. Eigentum, Besitz ist also für eine ganze Gruppe von Menschen da, und nicht nur für den- oder diejenige, die oder der es verdient hat.

▩ EUROPA ENTDECKT DIE »WILDEN«

Eine der Wurzeln für die Vorurteile gegen andere Völker und Kulturen ist die Meinung, wir in Europa hätten den besten (und eigentlich einzig richtigen Weg) gefunden um Staat, Wirtschaft und Gesellschaft zu organisieren. Die Anderen müßten von uns lernen, alles so machen wie wir, wollten sie ebenfalls in Wohlstand und Zufriedenheit leben. Wissenschaftler haben für dieses Denken den Begriff »Eurozentrismus« geprägt – eine Geisteshaltung, die es wesentlich länger gibt als den Begriff selbst.

Auch Christoph Columbus dachte »eurozentristisch«. Und mit ihm all die anderen Seefahrer, die im Auftrag der spanischen, portugiesischen und britischen Könige die Weltmeere überquerten um neue Kontinente und Seewege zu entdecken, um Gold und Silber zu finden. Die Anderen, die Fremden, also die Bewohner der beiden Amerikas, Asiens oder des afrikanischen Kontinents, wurden als »Wilde« betrachtet, als Wesen, die keinerlei Kultur oder Bildung besäßen, ja sogar als Wesen, die dem Tier näher stünden als dem Menschen. Anlaß dafür waren zunächst Äußerlichkeiten:

Die Menschen hatten eine andere Hautfarbe, waren anders gekleidet als die Eroberer, verstanden weder spanisch noch portugiesisch, hatten eine andere Musik, andere Tänze. Das »Andere« wurde ganz pauschal als etwas barbarisches, wildes, unzivilisiertes abgetan. Auf die Idee, daß sie selbst den Indios ziemlich seltsam erscheinen mußten, kamen die Fremden aus Europa nicht. Leider gibt es keine Aufzeichnungen darüber, was die Bewohner einer dem amerikanischen Kontinent vorgelagerten Insel dachten, als im Oktober des Jahres 1492 plötzlich hellhäutige Menschen auftauchten, trotz der Hitze in dicke Kleidungsstücke gehüllt (teilweise sogar aus unbequemem Metall), einen äußerst kuriosen Kopfschmuck tragend, den sie »Hut« nannten.

Andererseits waren sich die Eroberer nicht ganz sicher, ob sie auf den anderen Kontinenten wirklich auf »Wilde« gestoßen waren: Mit Erstaunen betrachteten sie die prächtigen Bauten in den Hauptstädten der alten afrikanischen Königreiche. Voll Bewunderung nahmen sie die Kunstwerke aus purem Gold entgegen, die ihnen die Indios in Südamerika als Geschenk übergaben. Sehr schnell wurde freilich

URS BITTERLI:
»Als Giovanni da Verrazano 1525 vor der Mündung des St. Lorenzstromes eintraf, geschah es, daß ein Matrose über Bord fiel und von der Strömung ans Ufer getragen wurde. Mit Entsetzen beobachtete die Mannschaft, wie ihr Landsmann von den Indianern umringt wurde, die sich anschickten, ein Feuer zu entzünden. Jedermann an Bord war überzeugt, daß man nun zusehen müsse, wie der Matrose gekocht und verspeist würde. Groß war die Erleichterung, als sich zeigte, daß die Indianer sich damit begnügten, die Kleider des Franzosen zu trocknen und ihm zu essen zu geben«.
Alte Welt – Neue Welt. Formen des europäisch-überseeischen Kulturkontaktes, München 1986

klar, wer die wirklich »Primitiven und Unzivilisierten« waren: Die Bauwerke wurden von den europäischen Eroberern zerstört, Goldstatuen und -schmuck von unschätzbarem Wert eingeschmolzen, weil man sich nur für das kostbare Metall interessierte. Die Menschen aus Europa waren nicht gekommen um zu »entdecken«, sondern um zu erobern. Sie kamen nicht um ihr Wissen, ihren Horizont zu erweitern, sondern um ihren Herrschaftsbereich zu vergrößern.

▰ MENSCHEN ALS REICHTUM

Die Herrscher in Europa merkten bald, daß sie in den fremden Kontinenten in mehrfacher Hinsicht auf unermeßlichen Reichtum gestoßen waren: Sie fanden Bodenschätze vor, angeblich unbesiedeltes, herrenloses Land – und Menschen. Wollten sie die reichen Bodenschätze ausbeuten, wollten sie auf den fruchtbaren Ländereien Früchte anbauen, stets brauchten sie Arbeitskräfte, möglichst billige Arbeitskräfte. Aus der Denkweise der Herrscher ergab sich sofort (und für sie ganz logisch) eine Lösung des Problems. Die verschiedenen Völker in Amerika und Afrika, ein »vorgefundener Reichtum«, sollten für die Weißen die Arbeit erledigen. Auch Christoph Columbus dachte schon kurz nach seiner Landung darüber nach. In seinem Tagebuch notierte er: »Sie (die »Eingeborenen«/ d. Verf.) besitzen keine Waffen, sind unkriegerisch, harmlos, nackt und so feige, daß tausend von ihnen drei meiner Leute nicht an sich herankommen lassen würden. Dafür sind sie bereit zu gehorchen, zu arbeiten und alles Nötige zu vollführen. Mithin wäre es angezeigt, sie dazu zu verwenden, Städte und Ortschaften zu errichten und ihnen unsere Kleidung und Gebräuche beizubringen.«

Im 16. Jahrhundert war in der christlichen Kirche ein erbitterter Streit darüber ausgebrochen, ob die »Wilden« denn nun Tiere oder Menschen seien. Die Diskussion, um wen es sich bei den »Wilden« eigentlich handele, war den Herrschenden durchaus recht. Sind sie Menschen? Sind sie Tiere? Haben sie Gefühle? Haben sie Rechte? Haben sie eine Seele? Je weniger menschenähnlich die »Wilden«, die »Heiden«, im Bewußtsein der Europäer waren, um so leichter fiel es den Herrschenden, den Völkern auf den anderen Kontinenten die unmenschlichsten Qualen zufügen zu lassen, ohne mit dem christlichen Glauben in Konflikt zu geraten und ohne Mitleid und damit Widerstand in den europäischen Ländern selbst zu wecken.

Die Menschen in den ersten Kolonien wurden gebraucht – nicht als Menschen, sondern als Arbeitskräfte. Sie waren rechtlos, Leibeigene; sie wurden als Sklaven zu Millionen aus den afrikanischen Ländern nach Nord- und Südamerika verschleppt und dann wie Tiere verkauft. Nach langen Diskussionen entschied schließlich die Kirche, auch die Menschen, die nicht in Europa wohnten, als Menschen zu betrachten, freilich als minderwertige Menschen, als »Untermenschen«,

KARL MARX:
»Die Entdeckung der Gold- und Silberländer in Amerika, die Ausrottung, Versklavung und Vergrabung der eingeborenen Bevölkerung in die Bergwerke, die beginnende Eroberung und Ausplünderung von Ostindien, die Verwandlung von Afrika in ein Gehege zur Handelsjagd auf Schwarzhäute bezeichnen die Morgenröte der kapitalistischen Produktionsära. Diese idyllischen Prozesse sind Hauptmomente der ursprünglichen Akkumulation.«
Das Kapital, Erster Band

ALEXANDER VON HUMBOLDT:
»Woher dieser Mangel an Moralität, woher die Leiden, das Unbehagen, dem jeder empfindsame Mensch sich in den Kolonien ausgesetzt findet?
Die Ursache liegt darin, daß die Idee der Kolonie selbst eine unmoralische Idee ist... Sich darüber streiten, welche Nation die Neger humaner behandelt, heißt, sich über das Wort Humanität lustig zu machen und fragen, was angenehmer ist, sich den Bauch aufschlitzen oder die Haut abziehen zu lassen, heißt fragen, ob Spanien in Peru oder Venezuela unmenschlicher gewütet hat und ob die Spanier in Westindien mehr Grausamkeiten verübt haben als Engländer und Franzosen in Ostindien!«
Essay politique sur le royaume de la Nouvelle Espagne

die das Niveau der Europäer bei weitem noch nicht erreicht hätten. So führte der spanische Philosoph Gines de Sepulveda im Jahr 1550 folgendes aus: »An Klugheit und Scharfsinn, Tugendhaftigkeit und Menschlichkeit sind die Spanier den Barbaren so weitaus überlegen wie die Erwachsenen den Kindern und Männer den Frauen; zwischen ihnen besteht ein ebenso großer Unterschied... fast möchte ich sagen, wie zwischen Affen und Menschen«. Da die »Wilden« aber zu guter Letzt doch als Menschen gesehen wurden, hatten sie immerhin die Möglichkeit Christen zu werden. Die Kolonisatoren nahmen das ernst: In vielen Fällen wurden Indios, unmittelbar bevor sie umgebracht wurden, getauft. Denn, so dachte man, da sie nun Christen seien, würden, wenn man sie umbrächte, wenigstens ihre Seelen, anders als die der Heiden, nicht der ewigen Verdammnis anheimfallen. Im 15. und 16. Jahrhundert herrschte also eine Geisteshaltung vor, die wir heute als »rassistisch« bezeichnen würden. Menschen wurden aufgrund ihrer Hautfarbe und ihrer Kultur als »minderwertig« betrachtet.

■ VON HUNDEKÖPFLERN UND EINBEINERN...

Viele Leute glauben, daß die Menschen immer schon die jeweils Anderen, die Fremden abgelehnt hätten, versucht hätten, sie zu benachteiligen. Ausländerfeindlichkeit, um mit einem modernen Wort zu sprechen, wäre demnach so etwas wie ein geradezu angeborener Fehler der Menschen. Es lohnt sich also noch weiter zurückzuschauen als in das Zeitalter der Kolonisatoren. Wie verhielten sich zum Beispiel die Menschen in der Antike? Bei den alten Ägyptern war die Frage woher ein Mensch stammt, nicht von entscheidender Bedeutung. Auf den Zeichnungen in den Grabkammern der Pharaonen und der hohen Beamten sind viele Dinge des Alltags festgehalten worden. Für uns erstaunlich ist, daß Fremde auf solchen Bildern nicht anders aussehen als die Ägypter. Lediglich aus den Hieroglyphen-Inschriften, also aus den Texten zu den Bildern ergibt sich, ob jemand nicht-ägyptischen Ursprungs ist. Die von den Ägyptern unterworfenen Völker (nicht fremdenfeindlich zu sein heißt natürlich nicht, daß man sich weigert andere Länder zu überfallen) hatten auf das Leben und die Kultur des Landes einen großen Einfluß. Die Ägypter waren offensichtlich zu einer großen Toleranz gegenüber den unterworfenen Völkern fähig und schätzten deren Kultur nicht gering.

Die Griechen wiederum hielten sich Sklaven, also Menschen, die keinerlei Rechte hatten. Der Sklavenstatus war freilich nicht an eine bestimmte Volkszugehörigkeit gebunden, hing nicht von der Hautfarbe oder der Herkunft ab. Es war nicht eine »Rassen«frage, ob jemand Sklave war, sondern eine Klassenfrage. Auch bei den Römern, die sich weite Teile Europas und Nordafrikas unterworfen hatten, spielte die Frage der Herkunft, des Aussehens keine Rolle. Schwarze konnten im Römischen Reich Feldherren oder Kaiser werden. So sagte Cicero: »Die Menschen unterscheiden sich durch ihr Wissen, aber alle sind gleich, was die Fähigkeit zu wissen betrifft; es gibt keine Rasse, die nicht von der Vernunft gelenkt, zur Wahrheit gelangen könnte«.

Das Bild des Anderen, des Fremden, war in der Antike gekennzeichnet von Wissen (das sich Reisende erworben hatten) und von Geschichten und Mythen über die Lebewesen, die weit entfernt, jenseits der

Grenzen der Erfahrung lebten. Für die Griechen waren diese Fremden Fabelwesen: Sie hatten nur ein Bein, einen Hundekopf oder waren Menschenfresser. Dennoch wurde diesen Fabelwesen das Menschenähnliche nicht abgesprochen. Insgesamt war das Weltbild von Griechen wie Römern davon bestimmt, daß die Menschen, bei aller Verschiedenheit, gemeinsame Charakterzüge hätten, die sie von Göttern wie auch den Tieren unterschieden. Eine Über- oder Unterordnung der verschiedenartigen Menschen auf Grund ihres Aussehens oder ihrer Hautfarbe war dem Denken der damaligen Zeit fremd.

▨ DER SCHWARZE ALS BRUDER...

Auch im Mittelalter (also zwischen ca. 500 und 1200) war bei der Bewertung des Fremden alleine sein Stand, seine Stellung in der Gesellschaft ausschlaggebend. Das Fremde war für die Menschen zu dieser Zeit (vor der Eroberung Amerikas) der Orient – die arabische Welt und Indien. Politisch gesehen war man dem Orient durchaus feindlich gesonnen: Kreuzritter versuchten Jerusalem, die heilige Stadt zu »befreien«, die Religion der Fremden, der Islam, wurde als Bedrohung empfunden. Bei aller Feindschaft aber gab es keine Einteilung der Menschheit in »höherwertig« und »minderwertig«, in weiß und schwarz. Sehr schön kann man dies sehen an einem der wichtigsten Bücher des Mittelalters, dem »Parzival« von Wolfram von Eschenbach (ca. 1170 – 1220). Die beiden Ritter Parzival und Feirefiz, zwei Halbbrüder, treffen im Kampf aufeinander, ohne zu wissen, daß sie miteinander verwandt sind. Sie haben denselben Vater, freilich ist Parzivals Mutter weiß, die von Feirefiz schwarz.

Entscheidend ist, wie Wolfram von Eschenbach die beiden so verschiedenen Brüder schildert. Er betont nicht den Unterschied schwarz-weiß, sondern er schildert den Gegensatz zwischen dem Christen Parzival und dem Heiden Feirefiz. Das heißt: Für Wolfram von Eschenbach und seine zeitgenössischen Leserinnen und Leser ist nicht die unterschiedliche Hautfarbe ein nachvollziehbares Unterscheidungsmerkmal, sondern die unterschiedliche Religion. Und selbst hier ist Eschenbach erstaunlich wenig »eurozentristisch«: Der Heide Feirefiz wird von Gott beschützt, als ihm die Niederlage gegen Parzival droht (indem Gott dafür sorgt, daß Parzivals Schwert zerbricht), und Feirefiz verkörpert in sich alle Tugenden eines edlen Ritters, als er, nun überlegen, darauf verzichtet Parzival zu töten.

Auch im Mittelalter also ist jener Rassismus, der sich auf äußere körperliche Merkmale bezieht, genau wie in der Antike noch keine wesentliche Größe. Die Behauptung, der Rassismus sei den Menschen gewissermaßen angeboren, läßt sich nach diesem kleinen Ausflug in die (europäische) Vergangenheit, nicht aufrecht erhalten.

▓ VON RECHTGLÄUBIGEN UND HEIDEN

Der Verdacht liegt demnach nahe, daß der Rassismus »erfunden« wurde, um im Zeitalter der europäischen Eroberung der Welt und dem darauf folgenden Zeitalter des Kolonialismus die Ausbeutung und Vernichtung von Menschen anderer Kontinente zu rechtfertigen. Natürlich war es nicht so, daß die Herrschenden plötzlich verkündeten, Menschen anderer Hautfarbe seien minderwertig. Das Überlegenheitsgefühl gegenüber anderen Völkern hatte seine Ursache vor allem darin, daß die Europäer glaubten, das Christentum sei die einzig und allein gültige Religion. Wer nicht an den christlichen Gott glaubte, hing fremden Götzen an und war demnach nicht nur heidnisch, sondern auch ohne jede Zivilisation. So wie man Kindern im Religionsunterricht den Glauben lehrt, so verkündeten die Missionare, die mit den Eroberern zusammen gekommen waren, das Wort des christlichen Gottes. Daß die »Eingeborenen« mitunter so »störrisch« waren und weiterhin bei ihrer Religion, ihrem Glauben bleiben wollten, konnten die Missionare nicht verstehen.

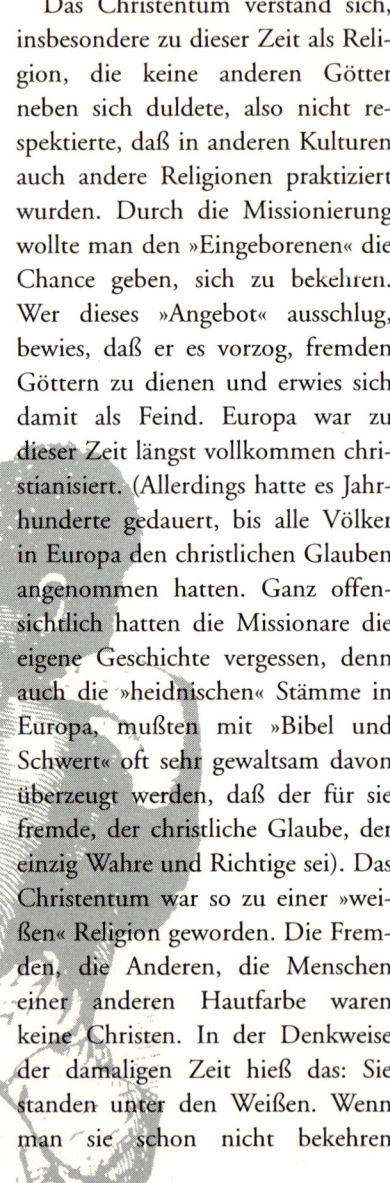

JULIUS NYERERE, der erste Präsident Tansanias (ein Teil des Landes war die deutsche Kolonie »Deutsch-Ostafrika«): »Von allen Verbrechen des Kolonialismus ist kein schlimmeres, als uns glauben zu machen, wir hätten keine einheimische Kultur gehabt, oder diese sei wertlos gewesen, wir hätten uns ihrer schämen müssen, statt in ihr eine Quelle unseres Stolzes zu sehen.«

Das Christentum verstand sich, insbesondere zu dieser Zeit als Religion, die keine anderen Götter neben sich duldete, also nicht respektierte, daß in anderen Kulturen auch andere Religionen praktiziert wurden. Durch die Missionierung wollte man den »Eingeborenen« die Chance geben, sich zu bekehren. Wer dieses »Angebot« ausschlug, bewies, daß er es vorzog, fremden Göttern zu dienen und erwies sich damit als Feind. Europa war zu dieser Zeit längst vollkommen christianisiert. (Allerdings hatte es Jahrhunderte gedauert, bis alle Völker in Europa den christlichen Glauben angenommen hatten. Ganz offensichtlich hatten die Missionare die eigene Geschichte vergessen, denn auch die »heidnischen« Stämme in Europa, mußten mit »Bibel und Schwert« oft sehr gewaltsam davon überzeugt werden, daß der für sie fremde, der christliche Glaube, der einzig Wahre und Richtige sei). Das Christentum war so zu einer »weißen« Religion geworden. Die Fremden, die Anderen, die Menschen einer anderen Hautfarbe waren keine Christen. In der Denkweise der damaligen Zeit hieß das: Sie standen unter den Weißen. Wenn man sie schon nicht bekehren

22

konnte, so dachte man, dann könne man sie doch wenigstens umbringen, da es doch nur Heiden waren. Dieser »naive« Rassismus änderte sich erst mit dem Wandel der politischen Verhältnisse im Europa des 18. Jahrhunderts.

▨ WEISS IST NICHT GLEICH WEISS

Das Bürgertum kämpfte zu dieser Zeit mit dem Adel um die wirtschaftliche (aber nicht um die politische) Vormachtstellung. Die Bürger waren aus dem Schatten des Adels herausgetreten und vertraten selbstbewußt ihre Forderung nach mehr Freiheit. Die Französische Revolution von 1789 war der erste Höhepunkt dieses Strebens: Freiheit, Gleichheit, Brüderlichkeit waren die Parolen dieser Revolution. Nicht allein die Freiheit stand also im Mittelpunkt, sondern auch die Gleichheit der Menschen. Dieser Begriff läßt an sich keine Mißverständnisse zu: Wenn die Menschen gleich sind, also alle die gleichen Rechte und die gleiche Stellung haben, dann kann es auch keine Unterschiede zwischen Menschen verschiedenen Aussehens geben.

Dieser Grundgedanke wurde aus zwei völlig unterschiedlichen Geisteshaltungen heraus angegriffen. Und zwar von den Gegnern der Französischen Revolution, aber auch von Menschen, die den Realen der Revolution durchaus nahestanden. Zunächst zu den Gegnern: Der französische Aristrokat Henri Graf de Boulainvilliers (1658–1722) hatte sich bereits vor der Revolution in einem Buch Gedanken über die Stellung des französischen Adels gemacht. Er behauptete, es gäbe zwei »Menschenrassen« in Frankreich: Die Nachfahren der Gallier, der »Ureinwohner«, und die Nachfahren der Franken, jener also, die nach dem Niedergang des Römischen Reiches Gallien erobert hatten. Die Adeligen, so die Schlußfolgerung des Grafen, stammten von den siegreichen Franken ab, das Volk hingegen von den unterlegenen Galliern. Boulainvilliers stülpte also der Klassenteilung eine Einteilung in »Rassen« über.

Zugleich wird hier der Rassenbegriff anders gebraucht als vorher: Bisher hatten sich die »Rassen« im wesentlichen durch ihre Hautfarbe unterschieden. Jetzt werden die Unterschiede sogar innerhalb der weißen

»Rasse« gemacht. Auch in den anderen europäischen Staaten begann man sich auf Unterschiede innerhalb der weißen »Rasse« zu berufen. Viele Bücher erschienen, in denen »Beweise« für die Verschiedenheit der weißen »Rassen«, zum Beispiel der Germanen, Kelten oder Slawen gesammelt wurden.

Der französische Diplomat Arthur de Gobineau (1816 – 1882) faßte viele Jahrzehnte später, aber im Geiste Boulainvilliers, all die Erkenntnisse in einem zweibändigen Werk zusammen, das den bezeichnenden Titel trägt: »Versuch über die Ungleichheit der menschlichen Rassen«. Auch für Gobineau sind die Adeligen Frankreichs die Nachfahren der germanischen Eroberer, der, nach Gobineaus Meinung, höchstentwikkelten aller menschlichen »Rassen«.

Geradezu panische Angst hatte Gobineau vor einer »Vermischung der Rassen«. Die »Reinheit der Rassen« war für ihn das Entscheidende. Jede »Vermischung« der »Edlen« mit den »Minderwertigen« führe zur Degenerierung bis hin zum »Rassentod«.

Gobineaus Buch ist für die Geschichte des Rassismus von entscheidender Bedeutung. Es wurde seinerzeit viel gelesen, vor allem in Deutschland, und so zur Grundlage des »wissenschaftlichen« Rassismus, jener Geisteshaltung also, die »Rassen«-Unterschiede zwischen den Menschen für wissenschaftlich erwiesen hält. Seine Lehre von der »Reinheit der Rassen« fand sehr viele Anhänger. Auch die deutschen Faschisten beriefen sich auf Gobineaus Buch. So führt ein direkter Weg von seinen Gedanken der »Rassenreinheit« zu den Verbrennungsöfen von Auschwitz.

Um den zweiten Versuch, den Rassismus »wissenschaftlich« begründen zu wollen, analysieren zu können, müssen wir wieder ins 18. Jahrhundert zurückkehren. In dieser Zeit begannen die Naturwissenschaften zu blühen. Alles was objektiv feststellbar, meßbar, beschreibbar war, wurde festgehalten. Der sichtbare Teil der Welt wurde gewissermaßen katalogisiert. Und sichtbar war: Menschen aus verschiedenen Ländern, von unterschiedlichen Kontinenten sehen verschieden aus, haben unterschiedliche Hautfarben. Aber auch vermeintliche Charakterzüge anderer Völker wurden »objektiv« festgestellt, katalogisiert und verallgemeinert. So wie man in dieser Zeit die Tier- und Pflanzenwelt in verschiedene Arten und Familien einteilte, teilte man auch die Menschen ein. Carl von Linne (1707 – 1778), dem die Biologie diese (bis heute gültige) Einteilung verdankt, machte sich auch über die Verschiedenartigkeit der Menschen Gedanken. Heraus kam folgendes:

»**Europaeus albus:** Einfallsreich, erfinderisch, weiß, sanguinisch, er läßt sich durch Gesetze lenken.

Americanus rubescus: mit seinem Los zufrieden, liebt die Freiheit, gebräunt, jähzornig, er läßt sich durch die Sitte lenken.

Asiaticus luridus: Habsüchtig, gelblich, melancholisch, er läßt sich durch die allgemeine Meinung lenken.

Afer niger: verschlagen, faul, nachlässig, schwarz, phlegmatisch. Er läßt sich durch die Willkür seiner Herrscher lenken«.

Der weiße Europäer war demnach (selbstverständlich) die Krone der Schöpfung, der erfinderische, einfallsreiche Mensch, dem, folgt man dieser Einteilung, gewissermaßen von der Natur her das Recht zustand, die anderen Menschen (zum Beispiel die faulen und nachlässigen Afrikaner) zu beherrschen.

Zu dieser »naturwissenschaftlichen«, also objektiv wirkenden Einteilung der Menschen in verschiedene »Rassen« mit sehr unterschiedlichen Charakterzügen kam noch folgendes: Selbst die hervorragendsten Denker dieser Zeit hatten ein eurozentristisches Weltbild, wie wir heute sagen würden. Auch wenn der Geist der Aufklärung, der den Übergang vom 18. in das 19. Jahrhundert beherrschte, zu Recht vieles Alte verwarf und die Vernunft, den menschlichen Geist, in den Mittelpunkt des Denkens stellte, waren die Philosophen, die das Denken dieser Zeit sehr stark beeinflußten, doch zutiefst in jenem Europa verwurzelt, das sich allen anderen überlegen vorkam. So schrieb der Philosoph Immanuel Kant: »In den heißen Ländern reift der Mensch in allen Stücken früher, erreicht aber nicht die Vollkommenheit der temperierten Zonen. Die Menschheit ist in ihrer größten Vollkommenheit in der Race der Weißen. Die gelben Indianer haben schon ein geringeres Talent. Die Neger sind weit tiefer und am tiefsten steht ein Theil der amerikanischen Völkerschaften«.

Und Friedrich Hegel, einer der wichtigsten deutschen Philosophen, schrieb: »Der Neger stellt, wie schon gesagt worden ist, den natürlichen Menschen in seiner ganzen Wildheit und Unbändigkeit dar; von aller Ehrfurcht und Sittlichkeit, von dem, was Gefühl heißt, muß man abstrahieren, wenn man ihn richtig auffassen will: es ist nichts an das menschliche anklingende in seinem Charakter zu finden«.

Die Unterscheidung verschiedener Menschen»rassen« nach einem »naturwissenschaftlichen« Modell ist bis heute in den Köpfen vieler Menschen haften geblieben. Im Lauf der Jahrhunderte wurde diese »wissenschaftliche« Einteilung immer weiter verfeinert, wurden immer mehr »Beweise« für die »rassischen« Unterschiede von Menschen gesammelt.

▩ VERACHTUNG

Die Entwicklung des europäischen Rassismus ist eng verbunden mit dem Entstehen des Kolonialismus. Den Schiffen der ersten Eroberer aus Spanien, Portugal und Großbritannien folgten die Missionare, Händler und Siedler aus Frankreich, Belgien, den Niederlanden und Deutschland. Die Großmächte Mitteleuropas teilten die Welt unter sich auf. Die Länder Afrikas, Asiens und Lateinamerikas wurden nicht mehr nur ausgeplündert, wie im 15. und 16. Jahrhundert, sondern kolonisiert, das heißt Menschen aus Europa ließen sich als Kaufleute oder Bauern in den verschiedensten Teilen der Welt nieder, nahmen Besitz von der Welt. Das heißt auch, daß immer mehr Menschen aus Europa mit den, wie sie sagten, Eingeborenen, in den Kolonien zusammentrafen. Die Europäer betrachteten (bis auf wenige Ausnahmen) getreu der Einteilung der Welt in »Rassen« die Menschen, deren Land sie besetzten, als minderwertige Wilde. Für die vorhandene Kultur, also für die Religion der Völker, für ihre Architektur, ihre Sprache, ihre Kunst, ihre Fertigkeiten bei der Viehzucht oder dem Ackerbau hatten die Europäer nur Verachtung übrig. Was ein Angehöriger des Volkes der Khoin im südlichen Afrika gedacht haben mag angesichts der Verachtung, die die Europäer ihm entgegenbrachten, hat der Wissenschaftler André Brink aufgeschrieben:

»Wir vom Stamme der Khoin haben uns diese Berge und Ebenen, diese weiten Steppen und Sümpfe niemals als wilde Gegenden, die man zähmen müsse, vorgestellt. Es waren die Weißen, die von ihnen als einer Wildnis sprachen, angefüllt mit wilden Tieren und wilden Menschen. Uns gegenüber haben sich diese Gegenden immer freundlich und zahm verhalten. Sie haben uns noch bei der schlimmsten Trockenheit Speise und Trank und Schutz gegeben. Die Wildnis zog hier erst mit den Weißen ein, als sie begannen zu graben, aufzureißen, zu schießen und die Tiere zu vertreiben«.

▨ SKLAVEN, KINDER, TEUFEL

Die weißen Herren waren in die Länder Afrikas, Amerikas und Asiens gekommen, um sich die Reichtümer anzueignen – auch den Reichtum an Arbeitskräften. Millionen wurden als Sklaven verschleppt, nicht viel besser war das Schicksal derjenigen, die in ihren Heimatländern selbst gezwungen wurden, bei den Kolonialherren zu arbeiten: Auf Farmen und Plantagen, in Bergwerken, beim Straßen- und Eisenbahnbau, oder als Dienstboten im Haushalt.

Aus einem Bericht der deutschen »Schutztruppen« über die Bedingungen der einheimischen Arbeiter beim Bau der »Nordbahn« in Kamerun:
»Ein Drittel der bis jetzt fertiggestellten Strecke der Nordbahn, fast ausschließlich in der sumpfigen Küstenzone gelegen, wurde von Arbeitern aus dem Grasland gebaut und viele Hunderte von ihnen haben dort ein Massengrab gefunden. Bei einem Arbeitstrupp aus dem Banssolande betrug die Mortalität 50 Prozent, ungeheuer groß war auch die Zahl der Flüchtiggewordenen.«

GESUCH DER WEISSEN EINWOHNER des Bezirks Windhuk, Deutsch-Südwestafrika, an die Kolonialabteilung des Auswärtigen Amtes, 21. Juli 1900. Ausfertigung.

»... Da wir nun in der Aufhebung der Prügelstrafe bei Schwarzen eine ernstliche Bedrohung der gesunden wirtschaftlichen Entwicklung unserer Kolonie sehen, so halten wir es für unsere Pflicht, die Kolonial-Abteilung des Auswärtigen Amtes sehr ergebenst zu bitten, der Gefahr vorzubeugen, welche unserer Kolonie durch Aufhebung der Prügelstrafe drohen würde ... Unsere Eingeborenen leben seit Urzeiten in Faulheit, Rohheit und Stumpfsinn in den Tag hinein: je schmutziger sie sind, desto wohler fühlen sie sich. Für jeden Weißen, der unter Eingeborenen gelebt hat, ist es nicht gut möglich, dieselben als Menschen im europäischen Sinne anzusehen: sie müssen erst mit endloser Geduld, Strenge und Gerechtigkeit im Laufe der Jahrhunderte dazu erzogen werden ... Ehrgefühl darf man sich bei dem Eingeborenen nicht suchen, weshalb auch entehrende Strafen für ihn zwecklos sind. Entziehung der Freiheit faßt er falsch auf, bekommt er doch bei Gefängnis seiner Meinung nach gute Wohnung und besseres Essen als er selbst hat. Als Strafe war ihm bisher nur die körperliche Züchtigung bekannt, und die muß naturgemäß auch beibehalten werden, bis er in späteren Zeiten einmal mehr Mensch geworden ist. Wie die Erfahrung gelehrt hat, haben die in Südafrika geborenen Weißen ihre Eingeborenen zu den

Mit unerhörter Härte drückten die Weißen den Einheimischen ihren Lebens- und vor allem Arbeitsstil auf. Sie bezeichneten ihn als »zivilisiert«, als das am weitesten fortgeschrittene, beste Lebensmodell.

Im 18. und 19. Jahrhundert hatte sich in Europa selbst mit der fortschreitenden Industrialisierung vieles grundlegend verändert. Ehemals selbständige Bauern oder Handwerker wurden zu Industriearbeitern. In immer wiederkehrenden Aufständen wehrten sie sich gegen die schlechten Bedingungen, unter denen sie leben und arbeiten mußten. Die relative Freiheit mit der sich viele Menschen vorher Arbeit und ihr Leben hatten einteilen können, war der eisernen Disziplin gewichen, die der Fabrikalltag mit sich brachte. Auch die Menschen bei uns hatten große Schwierigkeiten, sich den neuen Bedingungen anzupassen. Ein Wissenschaftler schrieb im Jahr 1834 über umherziehende Handwerksburschen: »Wie der Wilde will er lieber alle Beschwerlichkeiten und Entbehrungen des Wanderlebens sich unterziehen, als der geordneten Eintönigkeit und Arbeit der bürgerlichen Zustände«.

Fleiß, Disziplin, Ordentlichkeit – Eigenschaften, die die Deutschen sich gerne zuschreiben (vor allem im Gegensatz zu den »faulen« Südländern) sind auch ein Ergebnis der Industrialisierung: Ein großer Betrieb, in dem von Tausenden von Menschen die unterschiedlichsten Arbeiten erledigt werden, kann nur funktionieren, wenn ein Rädchen ins andere greift. Und das heißt: Für jede Arbeiterin, jeden Arbeiter, gibt es keine selbstbestimmte Möglichkeit mehr, Arbeit und Zeit zu gestalten. Wie das Zahnrad eines Getriebes muß jeder funktionieren... Diese Art des Lebens brachten die Weißen in die Kolonien. Wer sich nicht unterordnete wurde hart bestraft. Und da viele Menschen in den Kolonien sich den Weißen nicht einfach fügten, wurden sie von den Kolonialherren als »faul und unzuverlässig« bezeichnet. Oder, wie bereits in den vorgehenden Jahrhunderten: als Tiere. So schrieb im Jahr 1912 eine deutsche Siedlersfrau aus Namibia (dem damaligen Deutsch-Südwestafrika) in einem Brief: »Völker, die bis auf den heutigen Tag den Tieren gleich leben, hausten in ihren Steppen und Gebirgswinkeln. Sie lebten und verendeten darin, ohne irgendeinen Sinn des Lebens zu begreifen«.

Die Journalistin Cora Stephan

relativ brauchbarsten Arbeitern erzogen; sie kränkeln nicht an einer übertrieben humanen Auffassung, sondern geben ihren Eingeborenen bei Bedarf ihre verdiente Züchtigung. Der Eingeborene fühlt sich bei ihnen wohl und arbeitet gerne bei ihnen ... Wir wiederholen deshalb nochmals unsere ergebene Bitte, uns in der Erziehung der Eingeborenen nicht die Hände zu binden, sondern die notwendige Prügelstrafe bei denselben gütigst bestehen zu lassen.«
75 Unterschriften

charakterisiert das Verhalten der Siedler so: »Der Deutsche hatte Disziplin und sein Leben in Stunden einzuteilen gelernt und, wie es nun einmal so geht mit neuen Errungenschaften, brannte er darauf, auch anderen diese schmerzhaften Errungenschaften zu vermitteln«. Und der Psychiater und Kritiker des Kolonialismus Frantz Fanon schrieb: »Der Kolonialherr macht die Geschichte... Er ist der absolute Beginn. ›Dieses Land, wir haben es zu dem gemacht, was es ist‹; er ist die immerwährende Ursache: ›Wenn wir weggehen, ist alles verloren, dieses Land wird ins Mittelalter zurückfallen‹... Die Geschichte, die er schreibt, ist also nicht die Geschichte des Landes, das er ausplündert, sondern die Geschichte seiner eigenen Nation, in deren Namen er raubt, vergewaltigt und aushungert«.

Die Weißen glaubten, und viele glauben es heute immer noch, sie hätten »Kultur und Zivilisation« in die »Entwicklungsländer« gebracht. (Der Begriff »Entwicklungsländer« zeigt im übrigen genau diese Geistes-haltung: Diese Länder müssen sich erst »entwickeln«, bis sie unseren Standard erreicht haben; sie sind also weniger »weit« als wir, stehen in der Entwicklung »unter« uns). Die Grundhaltung, die Europäer hätten die Aufgabe, den Rest der Welt gewissermaßen zu erziehen, hat der Schriftsteller Rudyard Kipling in einem bekannten Gedicht auf den Begriff gebracht. Kipling, der lange in Indien lebte, war ein glühender Verfechter des Kolonialismus. Die meisten kennen ihn als Verfasser des »Dschungelbuches«, das als Vorlage für den berühmten Zeichentrickfilm von Walt Disney diente. Ein Zitat aus seinem Gedicht:

»Nehmt auf Euch des Weißen Mannes Bürde – schickt die Besten, die ihr aufzieht, hinaus...
Laßt sie schwer gerüstet wachen
über eine Menge, wankelmütig und wild –
eure frisch eingefangenen, tückischen Völkerschaften
die halb noch Kind sind, halb Teufel«.

Bei Kipling sind die Anderen, die Fremden, nicht tierähnlich, sondern eine Mischung aus Kind und Teufel, tückische, wilde Völker, die von den Weißen bewacht werden müssen. Die Aufgabe der Weißen (»des weißen Mannes Bürde« wurde zu einem geflügelten Wort) ist es, mit Strenge, aber auch mit »väterlicher Liebe«, die anderen Völker zu erziehen. Insbesondere die Menschen in den Ländern Afrikas wurden als »Kinder« gesehen: Oft nett, manchmal bösartig, meist naiv und zu Dummheiten neigend – wie Kinder eben so sind. In dem um die Jahrhundertwende erschienenen Buch »Die Behandlung der Eingeborenen in den deutschen Kolonien« schreibt der Verfasser: »Der Neger nicht allein, sondern überhaupt der Farbige, erinnert in seinem Wesen oft an ein Kind. Die Eigenschaften des Kindes fordern naturgemäß eine gewisse Bevormundung des Eingeborenen, der dieser, wenn überhaupt je, so gewiß erst nach Generationen entwachsen kann«.

Auch das ist selbstverständlich Rassismus: Steckt doch hinter der Idee, die »Eingeborenen« seien wie Kinder, nichts anderes als das alte Modell, daß die außereuropäischen Völker in der Entwicklung der Menschheit etwas hinterherhinkten.

HELMUT BLEY, einer der wichtigsten bundesdeutschen Kolonialhistoriker schreibt:
»Die deutsche Kolonialgeschichte ist auch deshalb unerledigt, weil sie die Erinnerung daran wecken kann, daß... in dieser Gesellschaft gewalttätige Traditionen vorhanden sind, die sich nicht auf den ›Dämon‹ Hitler reduzieren lassen, sondern die in sozusagen ›normalen‹ Zeiten, im Grunde in der ›guten alten Zeit‹ sich vollzogen.«

BERNHARD SCHLEGEL, Missionar, schreibt im »Monats-Blatt der Norddeutschen Missions-Gesellschaft«, im Jahr 1858, über die Ewe-Frauen (in Togo und Ghana):
»Sie sind in jedem Betracht in ein fast thierisches Wesen versunken. An Verstand sind sie sehr arm: sittlich im Allgemeinen unter jeder Schätzung. Ein Gedanke, welcher über Bauch und Erdboden und thierisches Begehren hinausginge, ist selten in ihrem Kopfe.«

Rassismus gab und gibt es auch in Europa selbst, einen Rassismus also, der sich nicht auf die Hautfarbe bezieht, sondern einen Rassismus, der von angeborenen kulturellen Unterschieden ausgeht. Von Arthur de Gobineau, der die »Überlegenheit« der Germanen erfunden hatte, und in Deutschland deswegen zu einem vielgelesenen Autor wurde, war schon die Rede. Aber längst vorher hatte sich in den verschiedenen europäischen Gesellschaften ein ganz besonderer Rassismus entwickelt: der Antisemitismus, also ein Rassismus, der sich gegen die Juden richtet. Ausgangspunkt waren zunächst die Unterschiede, ja die Feindschaft, zwischen dem Christentum und dem Judentum, zwei verwandten Religionen. Die Christen betrachteten die Juden als die Mörder des Gottessohnes, die als Strafe dafür in ewiger Erniedrigung und Demütigung leben sollten. Und die Juden hatten die Verfolgung der ersten Christen im römischen Reich nicht ohne Genugtuung mitangesehen. Dieser religiöse Streit beeinträchtigte die Stellung der Juden zunächst wenig.

Viele Juden (ihr Land war ja eine römische Kolonie) waren mit den Römern in deren Provinzen in ganz Europa gezogen. Sie waren entweder Soldaten, teilweise auch Sklaven, die mit ihren Herren mitgekommen waren, oder Kaufleute, die sich in der Nähe der römischen Siedlungen niederließen. Ihre Nachkommen hatten selten die Möglichkeit Land zu erwerben, weil sie keine Christen waren. Dennoch gab es jüdische Großgrundbesitzer, freilich durften sie, im Gegensatz zu den Christen, keine Sklaven beschäftigen, die getauft waren. Zudem hatte die Kirche (die damals ja auch eine politische Macht war) kein Interesse daran, daß Juden Grundbesitzer waren. Denn von »Ungläubigen« konnten die kirchlichen Herrscher keine Steuern (den Zehnten) eintreiben.

Die meisten Juden verdienten ihren Lebensunterhalt als Hausierer, Kleinhandwerker, Metzger, Gemeindeschreiber... Bis zum 11. Jahrhundert konnten sie relativ unbehelligt leben. Das änderte sich, als um die Jahrhundertwende die religiösen Eiferer Oberhand bekamen. Diese hatten für das Jahr 1000 das Weltende vorausgesagt und wollten die Erde von allen »Ungläubigen« befreien. Sie rüsteten zum ersten Kreuzzug (der freilich erst im Jahr 1096 stattfand) um Jerusalem, die Heilige Stadt, aus den Händen der »Ungläubigen« zu befreien. Vorher aber wollte man mit den Heiden zu Hause aufräumen. Die Juden wurden vor die Wahl gestellt Christen zu werden, oder auf dem Scheiterhaufen zu verbrennen. In dieser Zeit kamen auch Gerüchte auf, die den Juden unterstellten, sie würden zu Ostern christliche Kinder ermorden, um mit deren Blut das ungesäuerte Feiertagsbrot herzustellen. In Würzburg zum Beispiel wurde im Jahr 1147 aufgrund solcher Gerüchte die gesamte Jüdische Gemeinde ermordet, beziehungsweise zur Flucht gezwungen. Als um 1350 die Pest ein Drittel der europäischen Bevölkerung dahinraffte, wurden die Juden beschuldigt, schuld daran zu sein: sie hätten die Brunnen vergiftet, so hieß es, und überhaupt verfügten sie über unheilvolle Kräfte. Etwa 80 Prozent aller Juden, die damals in Deutschland lebten, wurden umgebracht.

Eine weitere Ursache für die Verfolgung der Juden war ihre wirtschaftliche Stellung. Sie waren von den meisten Berufen ausgeschlossen, durften weder Bauern noch Handwerker werden, oder Ländereien besitzen. Als Nicht-Christen war ihnen auch der Aufstieg in den Adel verwehrt. Ein Betätigungsfeld blieb ihnen offen: Der Geldverleih, der den Christen damals aufgrund der Kirchengesetze offiziell nicht erlaubt war. Bei den armen Leuten waren die Geldverleiher nicht eben beliebt. Die Fürsten sprangen mit den Juden ganz nach Belieben, oder besser gesagt: ganz nach ihrem Geldbedarf um. Mal wurden sie ins Land geholt, mal vertrieben. Ab 1200 hatten sich die deutschen Kaiser das Recht ausbedungen die Juden zu besteuern. Dieses Recht traten sie teilweise an die jeweiligen Landesherrscher ab. So profitierten Kaiser, Könige, Fürsten und Bischöfe über die Steuern ganz gehörig vom an sich »unchristlichen« Geschäft der Geldverleiher. Für die Bevölkerung, die Bauern und Handwerker, die bei den Geldverleihern einen Kredit aufnehmen mußten, waren die Juden die Wucherer. Daß im Hintergrund die Herrschenden ebenfalls Nutznießer des Geldhandels waren, blieb ihnen verborgen.

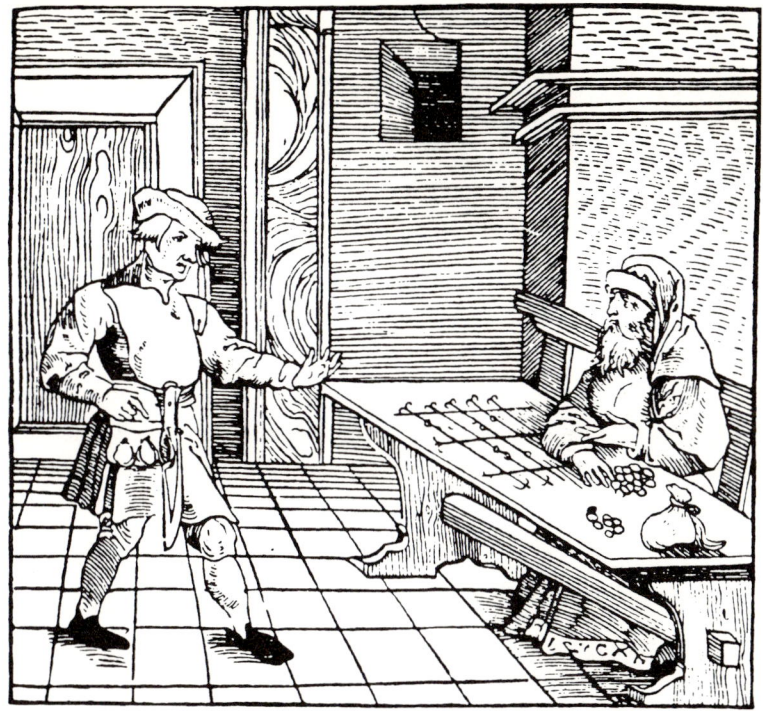

Bauer und jüdische Darlehnsgeber

Die rechtliche Stellung der Juden verschlechterte sich im ausgehenden Mittelalter, aus vielen Ländern wurden sie vertrieben (England 1290, Frankreich 1394, Spanien 1492); wo sie bleiben konnten, mußten sie im Getto wohnen, also in abgeschlossenen Wohnvierteln, ohne Kontakte zur übrigen Bevölkerung. Sie waren fast überall Ausgestoßene, nur mühsam Geduldete, die am Rande der Gesellschaft lebten. Allerdings gab es einen entscheidenden Unterschied zur Neuzeit. Der Haß gegen die Juden war noch hauptsächlich religiös begründet (auch wenn es durchaus wirtschaftliche Gründe für die Judenverfolgung gab), richtete sich also »nur« gegen Juden, die dem Glauben ihrer Väter treu geblieben waren.

Judenverbrennung

DR. MARTIN LUTHER:
»Daß man ihre Synagogen oder Schulen mit Feuer anstecke, und was nicht verbrennen will, mit Erde überhäufe und beschütte, daß kein Mensch einen Stein oder Schlacke davon sehe ewiglich ... Daß man ihnen verbiete, bei uns öffentlich Gott zu loben, zu danken, zu beten, zu lehren, bei Verlust des Leibes und des Lebens.«
Von den Juden und ihren Lügen (1534)

Das begann sich teilweise zu ändern als erneut eine Welle des religiösen Fanatismus Europa, insbesondere aber Spanien überrollte. In Spanien hatten über drei Jahrhunderte hinweg Moslems, Juden und Christen relativ friedlich miteinander gelebt. Wirtschaft, Wissenschaft und vor allem die Kunst blühten wie nirgends sonst in Europa, die drei Religionen befruchteten sich gegenseitig. Dann aber entfesselten im 14. Jahrhundert die Christen in Spanien einen Kreuzzug gegen die Andersgläubigen, vertrieben die Moslems und die Juden, beziehungsweise zwangen sie, sich taufen zu lassen. Natürlich wurden jene Juden, die sich taufen ließen nicht aus Überzeugung Christen. Das wiederum rief Mißtrauen und Haß bei den Christen hervor, beides heftig geschürt von der Inquisition, jener unheiligen christlichen Verfolgungsbehörde, die mit Spitzel- und Geheimpolizeimethoden Nichtchristen wie Christen bedrohte. Hier wurde ein Grundstein gelegt für die Verfolgung der Juden als ethnischer Gruppe. Nicht mehr ihr »falscher« Glaube war die Ursache der Verfolgung, sondern ihr Judesein. In Spanien bezeichnete man die zum Christentum übergetretenen Juden als »Marranen«, als »Schweine«, was als doppeltes Schimpfwort gemeint war, weil es zugleich an das jüdische Verbot des Schweinefleischgenusses erinnerte. Außerdem erließ die Inquisition ein Gesetz, das die Heirat von »alten« und »neuen« Christen verbot. Die »Reinhaltung des Blutes und der Rasse« wurde hier zum erstenmal offiziell festgelegt.

▨ SÜNDENBÖCKE

In der Mitte des 19. Jahrhunderts begann sich die Situation der Juden, die über Jahrhunderte gleich (schlecht) geblieben war, erneut zu ändern. Der Einfluß der Kirche auf das Denken der Menschen nahm ab, auch die politische Macht der Kirche war nicht mehr so groß. Den meisten Leuten waren die religiösen Vorbehalte gegen die Juden (und die daraus sich ergebende Verfolgung) fremd geworden. Geblieben waren allerdings die Vorurteile gegenüber den »Fremden«, den Menschen, denen die meisten Berufe verschlossen waren, die am Rande der Gesellschaft lebten, oder als Kaufleute, Geldverleiher, Bankiers arbeiteten. Im Zeitalter der beginnenden Industrialisierung Deutschlands spielte das natürlich eine Rolle. Denn jetzt sprossen überall Fabriken aus dem Boden, Aktiengesellschaften wurden gegründet – entsprechend groß war der Bedarf an Krediten. Der Schriftsteller Heinrich Heine beschrieb die Situation im Jahre 1844 folgendermaßen: »Die Antipathie gegen die Juden hat bei den oberen Klassen keine religiösen Wurzeln mehr, und bei den unteren Klassen transformieren (wandeln/d. Verf.) sie sich täglich mehr und mehr in den sozialen Groll gegen die überwuchernde Macht des Kapitals, gegen die Ausbeutung der Armen durch die Reichen«. Bereits vorher, 1819 hatte der Schriftsteller Ludwig Börne die Situation so beschrieben: »Die Juden mit ihrem Fremdartigen, mit ihrer abgeschlossenen Bildung erschienen ihnen (den Politikern d. Verf.) zu selbständig... sie dünkten ihnen eine harte, unverdauliche Speise. Dazu kam noch allerlei theatralischer Spuk. Man wollte wie in einer Oper ein unisones, einstimmiges Chor; man wollte nur Deutsche, wie sie aus den Wäldern des Tacitus gekommen, mit roten Haaren und hellblauen Augen. Die schwarzen Juden stachen häßlich ab«.

In der sogenannten Gründerzeit begann im Deutschen Reich eine

Periode der wirtschaftlichen Blüte. Nach dem deutschen Sieg über das französische Heer im Jahr 1871 mußte der französische Staat eine hohe Kriegsentschädigung bezahlen. Dieses Geld wurde in Bergwerke und Stahlproduktion investiert, die Wirtschaft entwickelte sich sehr schnell, überall wurden Banken gegründet, entstanden neue Eisenbahnlinien, Baugeschäfte, chemische und andere Fabriken. Wer Geld hatte, legte sein Vermögen an, versuchte sich in den abenteuerlichsten Geschäften, auch sogenannte kleine Leute wollten am Aktienmarkt ihr Glück machen. Ein regelrechtes Fieber war ausgebrochen. Doch schon nach kurzer Zeit stellte sich heraus, daß die Wirtschaft zu schnell gewachsen war, es handelte sich nur um eine Scheinblüte. Die Fabriken produzierten schlechte Qualität. »Made in Germany« war kein Gütesiegel, im Gegenteil: deutsche Waren galten als billig, aber schlecht, hatten wenig Chancen am Weltmarkt.

Es kam so, wie Fachleute es vorausgesagt hatten: Fabriken gingen in den Konkurs, Banken brachen zusammen, viele Menschen, die ihr Geld in unseriöse Geschäfte gesteckt hatten, verloren ihr Vermögen. Die Aktienkurse fielen in den Keller, die Arbeitslosigkeit nahm zu – kurzum: eine handfeste Wirtschaftskrise schüttelte das eben erst reich gewordene Deutschland. Natürlich fragten sich die Menschen, wer denn schuld sei, daß der neue Reichtum schon wieder verflogen war. Sie fanden eine schnelle und bequeme Antwort: Die Banken und ihre jüdischen Besitzer und die Börse mit ihren jüdischen Börsenmaklern. Die Autoren Rudolf Hirsch und Rosemarie Schuder charakterisieren dieses Verhalten so: »Die Börse, das ist für jeden Menschen klar, ist nur das Barometer, das anzeigt, wie die Gewinnchancen eines Unternehmens bewertet werden. Ein Barometer ist nie der Schuldige am Regen, am Gewitter, am Sonnenschein«.

Die Menschen machten also nicht das eben erst entstandene kapitalistische Wirtschaftssystem für ihr finanzielles Unglück verantwortlich, sondern die Juden. In vielen populären Zeitschriften erschienen haßerfüllte Artikel gegen die »Macht« der Juden, die am Niedergang der deutschen Wirtschaft schuld seien. Es gründete sich eine Vereinigung, der Alldeutsche Verband, der besonders wütend auf die Juden eindrosch.

Dieser Verband war keine kleine Gruppe von Unbelehrbaren, sondern konnte sich auf die Unterstützung aus »besten Kreisen« verlassen. Bekannte Politiker wie Stresemann gehörten dazu, oder Alfred Hugenberg, der ehemalige Direktor der Krupp Werke und spätere »Pressezar« der Weimarer Republik; unter Hitler wurde er Wirtschaftsminister. Später stießen über eine andere Vereinigung, die Deutsche Vaterlandspartei, wichtige Wirtschaftsführer dazu: Wilhelm von Siemens, Max Roettger, der Vorsitzende des Zentralverbandes Deutscher Industrieller und der ostpreussische Generallandschaftsdirektor Kapp, der später gegen die Demokratie putschte (er nannte die Weimarer Republik »Judenrepublik«) und sich selbst zum Reichskanzler ernannte.

Dieser gegen die Juden gerichtete Verband hatte ab 1908 einen besonders rührigen Vorsitzenden, den Justizrat Heinrich Class. Er forderte: »Dem Juden bleiben alle öffentlichen Ämter verschlossen, einerlei ob gegen Entgeld oder Ehrenamt, einerlei ob für Reich, Staat oder Gemeinde. Zum Dienst in Heer und Flotte werden sie nicht zugelassen. Sie haben weder aktives noch passives Wahlrecht. Der Beruf

NEUES DEUTSCHLAND
Neulich deutschten auf deutsch vier deutsche Deutschlinge deutschend, sich überdeutschend am Deutsch, welcher der Deutscheste sei: Vier deutschnamige benannt: Deutsch, Deutscherig, Deutscherling, Deutschdich, selbst so hatten zu deutsch sie sich die Namen gedeutscht. Jetzt wettdeutschen sie, deutschend in grammatikalischer Deutschheit, deutsche Komparativ, deutschesten Superlativ. »Ich bin deutscher als deutsch.« »Ich bin deutscherer.« »Deutschester bin ich.« »Ich bin der Deutschereste oder Deutschestere.« Darauf durch Komparativ und Superlativ fortdeutschend, deutschten sie auf bis zum — Deutschestzererstersten, bis sie vor komparativisch und superlativischer Deutschung den Positiv von Deutsch hatten vergessen zuletzt.
FRIEDRICH RÜCKERT (1788 – 1866)

der Lehrer und Anwälte ist ihnen versagt. Die Leitung von Theatern desgleichen«. Die deutsche Niederlage im Ersten Weltkrieg beeindruckte Class wenig, er setzte seine antijüdische Hetze auch in der Weimarer Republik fort. 1920 traf er sich mit Adolf Hitler. Hitler küßte Class die Hände und bezeichnete sich als seinen Schüler. In Class' Schriften sei für ihn, Hitler, alles Wichtige und Notwendige enthalten ...

▓ JESUS, DER VERSPRENGTE GERMANE

Aus dem Widerspruch zwischen der christlichen und der jüdischen Religion war seit dem 19. Jahrhundert etwas ganz anderes geworden: eine rassistische Hetze gegen die Juden. Nicht mehr die andere Religion war es, die zur Begründung von Diffamierung, Unterdrückung und Verfolgung herhalten mußte. Aus den Juden war eine Rasse geworden, die als minderwertig empfunden wurde. Wohin dieser antijüdische Rassismus führte, ist bekannt: Sechs Millionen Juden aus ganz Europa wurden in den Konzentrationslagern der Deutschen ermordet.

Der Rassismus hatte sich »weiterentwickelt«. Nicht mehr nur die unterschiedlichen Hautfarben wurden jetzt als Merkmal für verschiedene Rassen benutzt, sondern auch kulturelle Unterschiede. Ähnlich wie beim »Hautfarben-Rassismus« wurden die Unterschiede nicht einfach festgestellt, sondern es wurde eine Wertung damit verbunden. Erinnern wir uns nochmal an Arthur de Gobineau: Er hatte die Überlegenheit der arischen »Rasse« »wissenschaftlich begründet«. Dabei war er zu den seltsamsten Ergebnissen gekommen. Da er ein frommer katholischer Christ war, konnte er nicht leugnen, daß in der Bibel herausragende Persönlichkeiten geschildert werden: David, Salomon, die Propheten, Jesus und seine Jünger etc. Alle aber, Pech für Gobineau, waren Semiten. Also entwickelte er abenteuerliche Theorien, um nachzuweisen, daß es sich bei diesen Leuten um verirrte Germanen gehandelt habe, die auf den verschlungensten Wegen ins biblische Palästina gelangt seien. Diese Theorien klingen heute absolut lächerlich, ja sie lassen einen geradezu erschauern, da wir wissen wie alles endete.

Die »wissenschaftliche« Definition, daß es auch innerhalb der Weißen verschiedene »Rassen« gibt, bezog sich natürlich nicht nur auf die Juden.

Alles was nicht arisch, also nicht germanischen Ursprungs war, wurde von den deutschen, aber auch anderen europäischen »Rassenforschern« als minderwertig betrachtet. Insbesondere die slawischen Völker sah man als weit unter den Germanen stehend an. Natürlich kamen die »Wissenschaftler« in große Rechtfertigungszwänge, wollten sie sich wegen der Absurdität ihrer Theorien nicht vollständig lächerlich machen. Was sie sich alles ausdachten, werden wir noch schildern. Zunächst aber ist die Frage interessant, warum die Menschen, von den Politikern angefangen, bis zu den ganz »normalen Leuten« diese Theorien, wie sehr sie auch an den Haaren herbeigezogen sein mochten, so begierig aufnahmen.

Zum einen spielten wirtschaftliche Gründe eine Rolle. Je schwieriger die Lage der Menschen wurde (Wirtschaftskrise, Krieg, Arbeitslosigkeit usw.), umsomehr suchten sie nach Sündenböcken. Und die wurden ihnen von einer zum großen Teil antisemitisch eingestellten Presse und von vielen Politikern auch präsentiert. Schuld waren nicht die Banken, sondern die jüdischen Bankiers, schuld an der Wohnungsnot war nicht die Tatsache, daß es zuwenig Häuser gab, sondern die jüdischen Hausbesitzer und so weiter. Viele fühlten sich dadurch gedemütigt, daß sich ihre Lage verschlechterte. Also versuchten sie sich an anderen Werten, als denen, die sie verloren hatten, aufzurichten. Sie waren stolz, Deutsche zu sein. Der Psychoanalytiker Gerhard Staguhn beschreibt dieses Verhalten so: »Es ist ein bekanntes soziales Phänomen, daß eine allgemeine Enttäuschung an der Nation zu Nationalismus führt. Das mutet paradox an, ist aber psychologisch plausibel: Was mich da im Stich läßt, das kann gar nicht meine Nation sein; meine Nation, also eine Nation für mich – und nicht für Fremde – muß erst noch geschaffen werden«. Die Menschen blickten voll Verachtung auf die Nachbarvölker, insbesondere im Osten. Nur zu gerne hörten sie, daß sie als Deutsche, als Nachkommen der Germanen, etwas besonderes seien. Ein Herrenvolk nämlich, das dazu bestimmt sei, sich die Nachbarn zu unterwerfen, ja sogar die ganze Welt zu beherrschen.

Viele Menschen, vor allem die Kleinbürger, zum Beispiel Beamte, kleine Ladenbesitzer, Handwerker, flüchteten sich in die germanische

Heldenwelt. In wirtschaftlicher Hinsicht waren sie ständig vom Abstieg bedroht, sie fürchteten den Verlust ihrer Existenz. Auf der anderen Seite standen sie fest zu »Kaiser, Volk und Vaterland« (auch dann, als nach dem Ende des Ersten Weltkrieges die Monarchie abgedankt hatte). Die wahre Ursache für ihre schlechte Lage nahmen sie nicht zur Kenntnis. Das ungerechte Wirtschaftssystem nämlich, das einseitig die Reichen bevorzugte. Sehr bissig charakterisierte der Schriftsteller Heinrich Mann die Deutschen als ein »Herrenvolk von Untertanen«.

▦ DIE KOPFVERMESSER

Um die Jahrhundertwende versuchten Naturwissenschaftler, die »Überlegenheit der weißen Rasse« mit neuen Argumenten zu begründen. Sie waren auf die Idee gekommen, daß man an der Kopfform erkennen könne, ob ein Mensch zu einer »edlen Rasse«, oder zu einer »minderwertigen« gehöre. Ganze Scharen von sogenannten Kraniologen zogen aus, um überall auf der Welt Köpfe zu vermessen. Sie legten Maßbänder um Stirn und Kinn, interessierten sich besonders für den sogenannten »Gesichtsprofilwinkel«, jenen Winkel, den Stirn und Schädeldecke bilden. Ideal, so behaupteten diese Wissenschaftler, sei ein Winkel von 100 Grad. Es versteht sich von selbst, daß die Weißen diesem Ideal (mit durchschnittlich 98 Grad) am nächsten kamen.

Die Vorstellung, daß man an der Kopfform die Intelligenz und Charaktereigenschaften eines Menschen, oder gar eines ganzen Volkes erkennen könne, fand breite Zustimmung. Selbst in den 60er Jahren unseres Jahrhunderts fanden sich noch Tabellen mit den unterschiedlichen Kopfformen verschiedener Völker in den Schulbüchern. Insbesondere aber glaubten die Schädelvermesser herausgefunden zu haben, daß es einen Zusammenhang zwischen dem Volumen des Schädels, also der Größe des Gehirns, und der Intelligenz gäbe. Zusätzlich gingen sie davon aus, daß man diesen Zusammenhang nicht nur auf einzelne Menschen, sondern auf ganze Völker beziehen könne.

Makabre Forschungsreihen wurden durchgeführt: Anhand von Totenschädeln, die Anthropologen gesammelt hatten, wollten »Wissenschaftler« in den Vereinigten Staaten nachweisen, daß Indianer ein kleineres Hirn hätten als die Weißen, also weniger intelligent seien. Ihre Messmethode war sehr einfach: Sie nahmen einen Totenschädel und füllten die Hirnschale mit Senfkörnern oder Bleischrot. Die Menge der Körner und damit das Volumen der Hirnschale war so einfach zu bestimmen. Der bekannteste Kopfvermesser war der amerikanische Wissenschaftler George Morton, der 1851 starb. Er hatte viele Jahre lang, wissenschaftlich unangefochten und hochgeehrt, die Daten von mehr als tausend Totenschädeln erhoben. Die Ergebnisse faßte er in seinem wichtigsten Werk zusammen, dem Buch »Crania Americana«, das 1839 erschien.

Unter welchen Voraussetzungen er an seine »objektive« Forschungsarbeit ging, kann man aus der Einleitung seines Buches ersehen. Er behandelt dort die verschiedenen Charakterzüge der menschlichen »Rassen«. Und zwar so: »Die Grönland-Eskimos sind gerissen, sinnlich, undankbar, eigensinnig und gefühllos... Sie verschlingen die ekelhaftesten Nahrungsmittel ungekocht und ungesäubert und scheinen keinen Gedanken außer für den Augenblick zu hegen«. Über die Chinesen schreibt er: »In ihren Ge-

CARL BALLOD, Parteigenosse von Rosa Luxemburg und überzeugter Sozialist, schreibt in seinem Buch »Der Zukunftsstaat«:
»Es kann gar keine Frage sein, daß auch ein Sozialist eine gerechte Verteilung der ›nahrungssprossenden Erde‹ anstreben, befürworten, anerkennen muß. Es ist doch keine Gerechtigkeit, sondern höchste Ungerechtigkeit gegen die alten Kulturvölker, wenn man z. B. den Negern allein ganz Afrika überlassen will! Die Neger sollen gewiß nicht zu Arbeitstieren degradiert werden − man mag ihnen das absolut gleiche Recht auf Grund und Boden zugestehen. Aber es ist keine Gerechtigkeit, wenn 305 Mill. ›Paneuropäer‹ sich für alle Zukunft mit einigen 3 − 3 1/2 Mill. qkm an landwirtschaftlich brauchbarem Boden begnügen sollen. 80−100 Mill. Neger das Fünffache, ein Neger also fünfzehn mal so viel wie ein Westeuropäer behalten soll.«

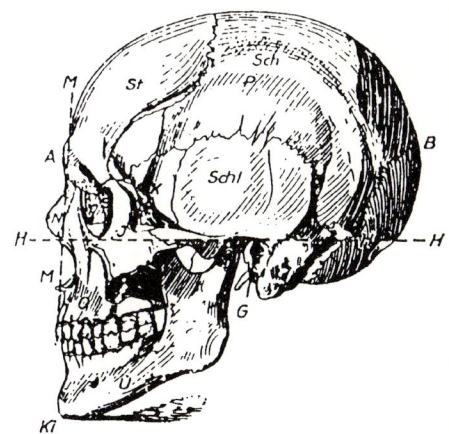

fühlen und Handlungen sind sie so flatterhaft, daß sie häufig mit jener Affenrasse verglichen wurden, deren Aufmerksamkeit ständig von einem Gegenstand zum anderen springt«. Und die Khoi-Khoin, die im südlichen Afrika leben, charakterisiert er folgendermaßen: »Sie kommen den Tieren am nächsten. Ihre Hautfarbe ist ein gelbstichiges Braun, das von Reisenden mit der eigentümlichen Gesichtsfarbe von Europäern im letzten Stadium der Gelbsucht verglichen wurde ... Die Frauen werden als noch abstoßender von Erscheinung dargestellt als die Männer«.

Unabhängig davon, daß die Theorie, Intelligenz und Hirngröße hingen zusammen, wissenschaftlicher Unsinn ist, stimmten auch Mortons Messungen nicht. Nachprüfungen seines Zahlenmateriales ergaben, daß er gemogelt hatte. Zwar waren seine Zahlen bezüglich des Volumens korrekt, aber er »vergaß« wichtige andere Daten in seine Interpretation einzubeziehen: das Geschlecht und die Körpergröße seiner »Opfer« zum Beispiel. So kam heraus, was herauskommen sollte: Die weiße »Rasse« hat im Durchschnitt die größeren Gehirne, ist also »von Natur aus« allen

PROF. DR. OTMAR FREIHERR VON VERSCHUER, Abteilungsleiter am Kaiser-Wilhelm-Institut für Anthropologie, menschliche Erblehre und Eugenik in Berlin, in einem Zeitungsartikel vom 20. Juni 1933:
»Zu Ehegatten sollen nicht gewählt werden:
1. Fremdstämmige, 2. Kranke und mißgestaltete Menschen sowie Erbkranke aus belasteter Familie.
Die Ablehnung alles Fremdrassigen und Kranken muß auf einer selbstverständlichen Haltung beruhen, die ihre Kraft aus der Verantwortung für die Erhaltung deutscher Art schöpft.«

anderen überlegen. Mortons Ideen beeinflußten über Jahrzehnte die wissenschaftliche Diskussion überall auf der Welt. Auch die deutschen Faschisten beriefen sich in ihrer »Rassenkunde« auf solche Ergebnisse.

Wenngleich uns heute solche »wissenschaftlichen« Erkenntnisse geradezu komisch erscheinen: Es gibt keinen Grund zu glauben, die Wissenschaftler – und wir – seien heute nicht mehr anfällig für den wissenschaftlich verbrämten Rassismus. Statt der Schädel wird heute die Intelligenz »vermessen«: Durch verschiedene Tests glaubt man herausfinden zu können, wie intelligent ein Mensch ist. Selbstverständlich kamen Wissenschaftler in den USA auf die Idee, die Ergebnisse solcher Tests von »Schwarzen« und »Weißen« zu vergleichen. Ihr Ergebnis überrascht nicht, wenn man sich die Geschichte des »wissenschaftlich« begründeten Rassismus vor Augen hält: Die »Weißen« sind im Durchschnitt intelligenter als die »Schwarzen«. Da die Intelligenztests für sich in Anspruch nehmen objektiv zu sein, also die Intelligenz unabhängig vom Bildungsgrad messen zu können, könnte man daraus schließen, daß die hellhäutigen US-Bürger von Geburt an, demnach also als »Rasse«, über größere geistige Gaben verfügten als diejenigen ihrer Mitbürger, die mehr Hautpigmente besitzen. Natürlich gilt für diese Intelligenztests das gleiche wie für die Bemühungen der Schädelmesser: Das Ergebnis ist so falsch wie die Methode.

KINDERGEDICHT

»Als unsere Kolonien vor Jahren noch
unentdeckt und schutzlos waren
schuf dort dem Volk an jedem Tage
die Langeweile große Plage
denn von Natur ist wohl nichts träger
als so ein faultierhafter Neger.
Dort hat die Faulheit, das steht fest
gewütet fast wie die Pest.
Seit aber in den Kolonien
das Volk wir zur Kultur erziehen
und ihm gesunde Arbeit geben
herrscht dort ein munteres, reges
Leben.
Seht hier im Bild den Negerhaufen
froh kommen die herbeigelaufen
weil heute mit dem Kapitän
sie kühn auf Löwenjagden gehn...«

DER KULTURELLE RASSISMUS

Die Argumentation der Rassisten paßt sich dem jeweiligen Denken der Zeit an. Angesichts der Ermordung von sechs Millionen Juden durch die Deutschen hat der »wissenschaftliche« Rassismus auch bei den Menschen an Glaubwürdigkeit verloren, die ihre »Überlegenheit« gerne durch die Natur begründet sehen wollten. Nicht nur in Deutschland, sondern in der ganzen Welt haben »Kopfvermesser« oder Vererbungstheoretiker kaum mehr Anhänger. Also wurde nach einer neuen, anderen Begründung gesucht, einer Begründung, die auch in Einklang mit dem naturwissenschaftlichen Bild des ausgehenden 20. Jahrhunderts steht. Die kulturellen Unterschiede seien es, meinen die Rassisten heute, die »Menschenrassen« voneinander unterschieden. Besonders einfach machte es sich Prof. Wolfgang Zeidler, ehemaliger Präsident des Bundesverfassungsgerichtes (also einer der höchsten Vertreter der Bundesrepublik). Anläßlich einer juristischen Tagung sagte er: »Der durchschnittliche afrikanische Massenmensch, der unerzogen im Busch lebt, hat noch nicht die Entwicklungsstufe der Abstraktionsfähigkeit erreicht. Und wir wollen ihnen unser in 2000 Jahren geformtes Modell der Staatskunst aufzwingen, ohne Rücksicht auf die Aufnahmefähigkeit. Das wäre ja so, als ob man einem Säugling, der drei Tage alt ist, mit Rumpsteak und Pommes frites füttert«. Damit sagte der oberste Hüter der Verfassung der Bundesrepublik nichts anderes, als daß die »Schwarzen« zu dumm seien zu verstehen, was Demokratie überhaupt ist. Die Idee der »Überlegenheit« der Europäer wird selten so offen ausgedrückt.

Die Verfechter des kulturellen Rassismus gehen viel behutsamer vor. Sie versuchen an den Erfahrungen der »normalen« Menschen anzuknüpfen. Seit vielen Jahren leben Ausländer in der Bundesrepublik. Viele dieser Ausländer sehen anders aus als der durchschnittliche Bundesbürger, viele sprechen nur gebrochen Deutsch, und eine ganze Reihe von Menschen aus dem Ausland behält einen Teil der heimatlichen Sitten und Gebräuche bei. Daß diese Menschen »anders« sind, stört viele. Dieses Gefühl des Unbehagens, das mit Rassismus noch nichts zu tun hat, wollen die modernen Verfechter des Rassismus ausnutzen. Sie versuchen zu vermitteln, daß die »Anderen« den Deutschen unterlegen sind. Und gleichzeitig behaupten sie, daß die Ausländer eine Gefahr für die Deutschen seien. »Das Boot ist voll«, heißt es dann, es dürften keine Menschen aus dem Ausland mehr in die Bundesrepublik kommen, weil sonst der Staat in Gefahr wäre. Denn wenn zuviele Fremde sich in Deutschland aufhielten, dann wäre es möglich, daß die Deutschen Fremde im eigenen Land würden, nicht mehr so leben könnten, wie sie wollten. Diese Argumente stoßen bei vielen Leuten auf offene Ohren. Deswegen lohnt es sich, sie näher zu betrachten.

Die neuen Rassisten geben sich dabei durchaus »tolerant«. Jedes Volk, so wird argumentiert, habe das Recht auf seine eigene Kultur und seine eigene Entwicklung. Dem kann niemand widersprechen. Aber die Argumentationskette geht weiter. Wenn es nur zur »Kultur« eines Volkes gehöre, daß die Menschen vorwiegend arme Bauern seien, daß es kaum Schulen oder Krankenhäuser gäbe, dann dürfe man die Menschen nicht »bevormunden«, indem man ihnen die Möglichkeit gäbe, sich diese »Annehmlichkeiten« zu verschaffen.

Typisch für diese Denkweise ist die Behauptung einer weißen Farmersfrau, die ich in Namibia traf. Sie meinte, die »Schwarzen« bräuchten doch eigentlich gar keine Schulen, weil sie von ihrer Tradition her Viehzüchter seien und eine besondere Begabung im Umgang mit den Tieren hätten. Würde man sie auf eine Schule schicken, dann würden sie »verbildet« und so ihre »natürlichen Anlagen« zerstört. Viel glücklicher seien sie, wenn sie sich in der freien Natur aufhielten. Daß diese beneidenswerten Viehhirten keine eigenen Herden haben, sondern als Angestellte für einen Hungerlohn auf dem Hof der weißen Farmersfamilie arbeiten müssen, vergaß die Frau zu erwähnen.

Respekt vor den Fähigkeiten von Menschen, die seit Jahrhunderten in den Halbwüsten des südlichen Afrikas sich und ihre Tiere ernähren konnten, die ohne die Mittel der modernen Technik wie künstliche Bewässerung etc. relativ gut lebten, ist bei der Farmersfrau, wenn man genau zuhört, nicht zu entdecken. Es geht keineswegs um die Wertschätzung einer anderen Kultur, sondern um den Versuch, Menschen den Zugang zum eigenen Reichtum zu verwehren. Wenn die begabten Viehhirten nicht mehr in der wirtschaftlichen Abhängigkeit von der Farmersfamilie lebten, weil sie aufgrund einer besseren Ausbildung auch einen anderen Beruf ausüben könnten, dann verlöre die Farmersfamilie billige Arbeitskräfte, die zudem über eine reiche Erfahrung verfügen, von der der Farmer ebenfalls profitiert. Die Armen sollen arm bleiben, weil sie es schon immer waren. Und wer reich ist, der ist dies aufgrund seiner großen Begabung und seiner überlegenen Intelligenz. Um bei dem Beispiel der Farmersfrau zu bleiben: Zwar bewundert sie auf der einen Seite die Fähigkeit der schwarzen Farmarbeiter besonders geschickt mit dem Vieh umzugehen. Aber diese Bewunderung hat nichts zu tun mit einer echten Anerkennung der Lebensweise der Menschen, die auf ihrer Farm arbeiten. Sie kennt sie nicht einmal. »Zivilisiert« sind nach ihrer Meinung nur sie und ihre Familie. Für sie sind die Unterschiede zwischen Schwarz und Weiß so

MARIA KAROW:
»Die Grundlage der Kolonie ist die deutsche Familie. Sie verjüngt deutsches Leben und deutsche Sitte im fernen Afrika und erhält den Zusammenhang zwischen der Kolonie und der Heimat. Hier hat die deutsche Frau Gelegenheit, auf ihrem eigensten Gebiet, auf dem der Hausfrau und Mutter mitzuarbeiten.«
In: Kolonie und Heimat (1909)

groß, daß sie niemals auf die Idee käme, ihre und die Kinder der Hirten könnten gemeinsam zur Schule gehen. Jeder solle das lernen, was er fürs Leben wirklich brauche, meint sie. Ihre Kinder werden später einmal an der landwirtschaftlichen Fakultät studieren und die Farm übernehmen. Für die Kinder der Farmarbeiter dagegen seien vier Jahre Schule, um ein bißchen Lesen und Schreiben zu lernen, ausreichend. Und so, meint die Farmersfrau, würde sich eben jede Kultur so entwickeln, wie es ihr zustünde.

▨ GEFÄHRLICHES SCHLAGWORT: ETHNOPLURALISMUS

Ethnopluralismus nennen die Wissenschaftler diese Geisteshaltung. Sie wird von den Vertretern des modernen Rassismus auch bei uns propagiert. So heißt es zum Beispiel in einer rechtsradikalen Zeitschrift namens »Nation und Europa«: »Wer den Ethnopluralismus, das heißt das Anerkennen der Verschiedenartigkeit von Völkern und Rassen, ablehnt, aber gleichzeitig vom Selbstbestimmungsrecht der Völker spricht, führt sich selbst ad absurdum«. Der Gedanke, der hier recht kompliziert ausgedrückt ist, ist eigentlich ganz einfach: Das Selbstbestimmungsrecht (das heißt, daß jedes Volk unabhängig und selbständig über seine Politik entscheiden kann, wofür jeder vernünftige Mensch eintreten wird), setzt nach dieser Ansicht voraus, daß man auch die Verschiedenartigkeit von »Rassen« akzeptiert. Geschickt wird also der positive Wert des Selbstbestimmungsrechts in Verbindung gebracht mit dem Ethnopluralismus. Was aber steckt hinter diesem an sich sehr harmlos klingenden Fremdwort?

Niemand wird bestreiten, daß Völker sich unterscheiden, vor allem durch die Sprache. Bei weitergehenden Unterschieden wird es schon schwieriger, will man nicht einfach alte Vorurteile aufwärmen, wie jene, daß alle Briten morgens eine Tasse Tee trinken, die Franzosen dagegen Milchkaffee. Und vollends unmöglich wird es, wenn man wie die Ethnopluralisten, von einem unterschiedlichen Entwicklungsstand der Völker ausgeht. Ein Beispiel:

Ein Inuit (Eskimo) im Norden des amerikanischen Kontinents lebt selbstverständlich anders als ein Bürger New Yorks. Diese Andersartigkeit festzustellen, darf allerdings nicht bedeuten eine Wertung damit zu verbinden. Jeder dieser beiden Menschen hat seine Kultur, sein soziales Umfeld, seine Gewohnheit und jeder ist fähig in seiner Umwelt zu überleben – der eine im Dschungel der Großstadt, der andere in der Eiswüste. Tauschten die beiden, würde der New Yorker (den die meisten Menschen sicherlich als »zivilisierter« bezeichnen würden) genauso untergehen, wie der Inuit in der Millionenstadt. Die Fähigkeiten eine Maschine zu bedienen, ein U-Bahn-Ticket lösen zu können, ein Auto durch die Straßenschluchten zu steuern sind sicherlich nicht höher zu bewerten als die Fähigkeiten (im Notfall) aus Schneeblöcken ein Haus bauen, Fische fangen, oder die Kleidung selbst herzustellen zu können.

Aus der Unterschiedlichkeit von Kulturen irgendwelche Schlüsse ziehen zu wollen ist unsinnig. Unterschiedlich heißt ja keineswegs höher- oder minderwertig. Um zu sehen, wie aus der Feststellung der Unterschiedlichkeit von Kulturen Rassismus werden kann, müssen wir zunächst einmal klären, was »Kultur« überhaupt bedeutet.

Was heißt zum Beispiel deutsche Kultur, oder die Kultur der Deutschen? Beethoven fällt vielen ein, wenn sie von deutscher Kultur sprechen (er stammt aus einer flämischen Familie und wirkte vor allem in Wien), Albrecht Dürer (sein Vater wurde in Ungarn geboren), Albert Einstein (er mußte 1933 als Jude Deutschland verlassen), vielleicht noch einer der großen Philosophen wie Immanuel Kant (er wirkte Zeit seines Lebens in Königsberg) und natürlich Goethe und Schiller. Das heißt: Die Nationalkultur der Deutschen setzt sich nicht nur aus den verschiedenartigsten Elementen unterschiedlichen Ursprungs zusammen. Sie hat auch mit dem, was jeder täglich tut, wie er lebt, wie er wohnt, was er an Kunst oder Musik genießt, welche Filme er sich ansieht, herzlich wenig zu tun.

Diesen Unterschied zwischen der sogenannten Hochkultur und der Alltagskultur leugnen die Ethnopluralisten. Sie vergleichen durchweg die Alltagskultur der anderen mit der Hochkultur der Deutschen und kommen so zu dem Ergebnis, daß die Menschen aus anderen Ländern weniger zivilisiert seien als wir. Daß dies ein unzulässiges Verfahren ist, versteht sich von selbst. Wenn man das Leben und die Verhaltensweisen

von Menschen aus anderen Ländern verstehen will, muß man sich mit deren Kultur beschäftigen. Kultur ist ein schwieriger Begriff: Sie wird von verschiedenen Menschen völlig unterschiedlich erlebt. Die einen drehen völlig entnervt den Fernseher ab, wenn die »Volkstümliche Hitparade« beginnt, andere freuen sich schon den ganzen Tag darauf. Die Lebensweise (und damit die Kultur) von Leuten, die zum Beispiel Heavy Metal Musik mögen, und sich entsprechend kleiden, ihr Lebensgefühl nach dieser Musik ausrichten ist völlig anders als die von Menschen, die es lieber etwas gemütlicher mögen, abends kegeln gehen und das »Naabtal Duo« anhören.

Gymnasiasten, die von ihren Eltern mit ausreichend Taschengeld ausgestattet werden, unterscheiden sich meist schon äußerlich von ihren Altersgenossen, die mit 15 ins Berufsleben eintreten. Auch die Sprache solcher unterschiedlichen Gruppen von Jugendlichen ist oft völlig unterschiedlich. Auch wenn in beiden Cliquen selbstverständlich deutsch gesprochen wird, kann man sich oft nicht verstehen.

Da diese Unterschiede nicht nur von einzelnen Menschen gelebt werden, sondern in vielen Fällen von ganzen Gruppen oder Freundeskreisen, kann man durchaus von verschiedenen Kulturen sprechen. Eine Studentin wird meist Menschen der ihr vertrauten Gruppe suchen, wenn sie zu Besuch in einer fremden Stadt ist. Der Fußballfan wird, wenn er mit seiner Mannschaft zu einem Auswärtsspiel reist, kaum in der Bar eines Luxushotels sein Bier trinken. Auch wenn die Grenzen oft fließend sind und niemand gezwungen wird, sich nur in seiner Gruppe zu bewegen, werden die meisten sich dort doch am wohlsten fühlen und nicht unbedingt Wert darauf legen, außerhalb des ihnen vertrauten Umfeldes zu verkehren.

Von »der« deutschen Kultur, einer Kultur also, die alle Deutschen verbinden würde, kann man demnach nur schwer sprechen. Das Verbindende ist die Sprache – und selbst die nur bedingt: Ein friesischer Fischer und ein Bergbauer aus den Alpen werden vermutlich ziemlich große Schwierigkeiten haben, einander zu verstehen, um ein extremes Beispiel zu nennen.

Diese großen Unterschiede innerhalb einer Nationalkultur gibt es natürlich in allen Ländern. Sie haben ihre Ursache in den Unter-

BOB MARLEY
We refuse to be
what you wanted us to be
we are what we are
that's the way it's go in to be
you can't educate
for no equal opportunity.

schieden zwischen den verschiedenen Klassen innerhalb der Gesellschaft und innerhalb der Klassen in den Unterschieden zwischen verschiedenen Interessen, oder »Geschmacksrichtungen«. Wenn man sich die Entstehungsgeschichten von »Nationalkulturen« anschaut, wird man ebenfalls die verschiedensten Einflüsse und die unterschiedlichsten Wurzeln feststellen. Unsere Sprache ist aus germanischen, lateinischen, ja sogar arabischen Elementen zusammengesetzt (selbst so »urdeutsche« Worte wie Mütze, Jakke, Joppe oder auch Kasperle und Klabautermann kommen aus dem Arabischen). Die klassische Musik, eine der kulturellen Leistungen der Deutschen, auf die viele Menschen stolz sind, entwickelte sich aus den verschiedensten Einflüssen, auch orientalischen, heraus. Und selbst die Militärmusik, jene Dschingdarrassabum-Märsche, die als besonders deutsch gelten, haben ihren Ursprung in einer völlig anderen Kultur: der türkischen. Ob wir Kartoffeln essen (ursprünglich aus Südamerika), Nudeln oder Spätzle (aus China), ob wir die romanischen Rundbogen alter Kirchen bewundern (aus Italien), oder eher die spitzzulaufenden der Gotik (aus

Frankreich), ob wir Popmusik hören (aus den USA, und dort wiederum beeinflußt von den afrikanischen Kulturen der Sklaven), oder die Bilder Pablo Picassos betrachten (der stark von den Werken afrikanischer Künstler beeinflußt wurde) – stets werden wir den Einfluß anderer Kulturen feststellen.

Wer also behauptet, die Menschen aus anderen Ländern würden nicht zu uns passen, weil sie sich anders verhalten, als wir es gewöhnt sind, weil sie auf eine für uns fremde Art lebten, musizierten, äßen, tanzten, der sollte erst einmal über »unsere« Kultur und ihre Ursprünge nachdenken.

▨ DIE ALTE HEIMAT

Und wie steht es mit der Kultur der Einwanderinnen und Einwanderer, die aus den verschiedensten Ländern in die Bundesrepublik gekommen sind? Genausowenig, wie es *eine* deutsche Kultur gibt, gibt es *eine* türkische, italienische oder spanische. Denn selbstverständlich unterscheidet sich der Geschäftsmann, der aus einer reichen Istanbuler Kaufmannsfamilie stammt von seinen Landsleuten aus einer armen Bauernfamilie Ostanatoliens, genauso wie der Spross einer Hamburger Reedersfamilie von einer Oberpfälzer Bauerntochter. Und genauso selbstverständlich gibt es in den Heimatländern der Einwanderer die verschiedensten regionalen Kulturen, die sich oftmals sehr viel stärker voneinander unterscheiden als die Kulturen der einzelnen Regionen bei uns. Allein deswegen ist es Unsinn davon zu sprechen »die« Türken seien eben »so«.

Dazu kommt, daß Einwanderer in einem fremden Land in vielen Fällen beginnen, ihre eigene, die ursprüngliche Kultur zu verändern. Und zwar in zweierlei Hinsicht. Natürlich übernehmen sie bestimmte Verhaltensweisen, Denkweisen, Lebensweisen des Gastlandes. Und zum anderen verändern sie ihre Kultur, indem sie sie unverändert beibehalten. Das mag zwar absurd klingen, wird für uns aber verständlich, wenn man sich das Verhalten von deutschen Auswanderern ansieht. Viele Deutsche in der früheren Sowjetunion, in Rumänien oder in Namibia, die teilweise bereits im 18. oder 19. Jahrhundert ausgewandert sind, haben in der neuen Heimat Sitten und Gebräuche der alten

Heimat sorgsam bewahrt. An Feiertagen ziehen sie die alten Trachten an, in vielen Familien werden Volkslieder gesungen, die die meisten bei uns gar nicht mehr kennen, selbst der Dialekt erinnert manchmal noch an die ursprüngliche Herkunft, obwohl die Menschen seit mehreren Generationen in einem anderen Land leben. Bei den »Auslandsdeutschen« hat sich eine Form der Kultur erhalten, die es in Deutschland selbst schon lange nicht mehr gibt. Viele sagen noch »Reich«, wenn sie Deutschland meinen, sie haben das Bild eines idyllischen Agrarlandes im Kopf, in dem die Menschen fleißig, aber auch gemächlich ihrer Arbeit nachgehen.

Die Änderungen, die die Gesellschaft (und damit die Kultur) Deutschlands in diesem Jahrhundert erlebte, haben sie nicht zur Kenntnis genommen. Selbstverständlich sind eine Reihe von Einflüssen des neuen Heimatlandes hinzugekommen, die sich zum Beispiel in der Sprache niederschlagen. Das Deutsch, das in Namibia gesprochen wird, ist angereichert durch Afrikaans (einer Art holländischem Dialekt), Englisch und eine Reihe von Wörtern aus den Sprachen der namibischen Völker. Oft haben die Menschen auch bestimmte Verhaltensweisen, die Kleidung etc. ihrer neuen Heimat übernommen. Ihre Art zu leben, ihre Kultur, halten sie dennoch für »typisch deutsch«, viele sind stolz darauf, bezeichnen sich auch dann als Deutsche, wenn sie schon seit Generationen in Rumänien, der früheren Sowjetunion oder in Lateinamerika leben. Umso erstaunter sind die »Auslandsdeutschen«, wenn sie in das Land kommen, das sie als ihre alte Heimat betrachten. Alles ist anders als sie es sich vorgestellt hatten. Ihre Kultur, die sie als typisch deutsch betrachtet hatten, gibt es nicht mehr. In ihrem Umfeld werden sie wegen ihrer »altmodischen« Lebens- und Sprechweise eher belächelt, niemand ist dankbar, daß sie das, was sie als »Deutschtum« bezeichnen, solange bewahrt haben.

Etwas ähnliches passiert mit der Kultur der Menschen, die in die Bundesrepublik eingewandert sind. Natürlich hängen sie an ihrer alten Heimat. Die meisten von ihnen sind ja auch nicht freiwillig in die Bundesrepublik gekommen, sondern weil sie in ihren Ländern keine oder nur sehr schlechte Möglichkeiten hatten, sich und ihre Familien zu

ernähren. In vielen Fällen war also die wirtschaftliche Not die Ursache dafür, daß Menschen vor allem aus Italien, Spanien, Portugal, Griechenland, oder der Türkei ihre Städte und Dörfer verließen und nach Mitteleuropa kamen. Da die Wirtschaft vor allem billige Arbeitskräfte brauchte, die jene Tätigkeiten verrichten sollten, für die deutsche Beschäftigte kaum zu finden waren, wurden in erster Linie solche Menschen angeworben, die in ihren Heimatländern keine besondere Ausbildung genossen hatten. Das heißt natürlich auch: Menschen, die keine Fremdsprache können, Menschen, die oftmals besonders stark in ihrer Gemeinschaft, in ihrem Dorf verwurzelt sind, Menschen, die noch nie (zum Beispiel im Urlaub) in einem anderen Land waren und so sehen konnten, wie es woanders aussieht.

▰ WURSTEL CON CRAUTI...

Es ist gar nicht so schwer, sich in die Situation der Einwanderer zu versetzen: Wer zum Beispiel in Griechenland oder in einem arabischen Land Ferien gemacht hat, also (sehr wahrscheinlich) weder die Sprache versteht, noch die Schrift lesen kann, wer die Verhaltensweisen der Einheimischen gar nicht oder nur sehr oberflächlich kennt, der wird sich nur schwer zurechtfinden. Und da viele Leute nicht so besonders neugierig sind, suchen sie Kontakt zu ihren Landsleuten, oft in Restaurants oder Cafés, in denen man auch auf das gewohnte Essen nicht verzichten muß: »wurstel con crauti«, »deutscher filterkaffee«, »bier vom fass« ziehen viele Touristen magisch an – ein wenig Heimat im fremden Urlaubsland. Einen gewaltigen Unterschied gibt es freilich zur Situation derjenigen, die ihre Heimat verlassen müssen, um Arbeit zu finden: als Touristin oder Tourist hat man meist ausreichend Geld in der Tasche, ist zum Vergnügen im Ausland, und genießt die Gastfreundschaft der Einheimischen. Kaum einer wird Touristen beschimpfen, sie als »dreckige Ausländer« bezeichnen, unfreundlich zu ihnen sein.

Der Vergleich mit unseren Erfahrungen im Ausland ist natürlich nur an der Oberfläche richtig. Aber er kann die Situation, in der die Einwanderer bei uns leben, ein klein wenig verständlicher machen. Zum Beispiel die Tatsache, daß die Menschen aus verschiedenen Nationen sich ein Stück Heimat bewahren wollen, auch wenn sie schon lange Zeit in der Bundesrepublik leben. Das äußert sich zum Teil in ganz einfachen Dingen: Wenigstens so essen zu können, wie man es von zu Hause gewohnt ist, ist für viele sehr wichtig. Bereits das scheint manche Leute bei uns zu stören. Man merkt ja gar nicht mehr, daß man in Deutschland ist, schimpfen sie, wenn in einer Straße, in der türkische Familien wohnen, auch türkische Läden aufmachen, oder wenn aus der Eckkneipe ein »Grieche« wird. Schlimmer wird es, wenn Einwanderer sich dafür »rechtfertigen« müssen, eine andere Religion zu haben, als die Mehrheit der Deutschen. Für viele ist gerade noch akzeptabel, wenn die Einwanderer einer anderen christlichen Glaubensrichtung angehören, als den uns gewohnten (die meisten Griechinnen und Griechen sind orthodoxen christlichen Glaubens, ihre Art den Gottesdienst zu feiern unterscheidet sich relativ stark von der der Katholiken oder Protestanten).

▰ FEINDBILD ISLAM

Die Toleranz endet oft, wenn die Einwanderer Muslime sind. Allein die Tatsache, daß Muslime kein Schweinefleisch essen, kann Anlaß sein, für mancherlei bösartige Scherze, zumindest aber für eine gewisse Verständnislosigkeit. Zwar ist der Islam dem Christentum relativ ähnlich. Beide haben Wurzeln in den Überlieferungen des Alten Testaments, auf das sich ja auch die jüdische Religion beruft; Abraham oder Moses sind jedem Muslim, jeder Muslimin genauso vertraute Gestalten wie den meisten von uns. Doch scheint für viele Menschen (vor allem für jene, die sich noch nie darüber informiert haben) die alte Feindschaft zwischen der christlichen und der islamischen Religion fortzubestehen. Eine Feindschaft, die ihren Ursprung weniger in der Unterschiedlichkeit der beiden Religionen hat, als vielmehr in den jahrhundertelangen Kämpfen um die Vorherrschaft im Mittelmeerraum und auch in Mitteleuropa.

Die Auseinandersetzung mit dem Islam findet auf den Pausenhöfen der Schulen, am Arbeitsplatz, in den Mensen der Universitäten, an Stammtischen meist auf zwei sehr

JOHANN WOLFGANG VON GOETHE:
»Gottes ist der Orient!
Gottes ist der Okzident!
Nord- und südliches Gelände
Ruht im Frieden seiner Hände.«
Der Westöstliche Diwan

unterschiedlichen Ebenen statt: Man ist überheblich und hat zugleich Angst. Auf der einen Seite glauben sich einige über die Art der Religionsausübung lustig machen zu können – Muslime ziehen die Schuhe aus bevor sie ihre »Kirche«, die Moschee, betreten, sie nehmen beim Gebet eine andere Haltung ein als die Christen. In vielen Köpfen scheint die einzige Information über die »Nachbarreligion« (was sowohl räumlich, als auch geschichtlich stimmt) in jenem zu bestehen, was sie bei Karl May gelesen haben – da gibt es den Hadschi Halef Omar, jene Figur also mit dem langen Namen, deren Treuherzigkeit und Gottergebenheit irgendwie naiv oder auch lächerlich wirkt.

Und auf der anderen Seite gibt es die Angst vor der »Gefahr aus dem Osten«, vor den »türkischen Horden«, die das Abendland und seine Kultur vernichten wollen. Fanatische, aufgeputschte Massen, von denen es heißt, sie verträten eine mittelalterliche Staatsform, den Gottesstaat, werden in den Fernsehnachrichten gezeigt: Eine bedrohliche, uniforme Masse von bärtigen Männern, die Sprechchöre rufen, die wir nicht verstehen. In den Analysen der Zeitungs- und Zeitschriften-Kommentatoren finden sich häufig Sprachbilder, die herabsetzend wirken. Während des zweiten Golfkrieges (1991) wurde der irakische Präsident Saddam Hussein zum Feindbild schlechthin. In den Vorjahren, als der Irak gegen den Iran Krieg führte, war Saddam noch das Hätschelkind des Westens, ein Politiker, der mutig gegen die »Fundamentalisten« im Iran antrat. (Daß er auch zu dieser Zeit schon ein blutiger Diktator war, der mit unerbittlicher Härte gegen die Opposition und gegen bestimmte Bevölkerungsgruppen wie die Kurden vorging, interessierte bestenfalls Nahost-Spezialisten). Als Saddam nach der Besetzung Kuweits plötzlich zum Feind des Westens wurde, charakterisierte ihn die Illustrierte »Stern« folgendermaßen: »Seine Lider sind wulstig und schwer wie ein Bollwerk. Ein stechender Blick schießt unter ihnen hervor. Gefurchte Stirn, klobige Nase, ein Schnurrbart in Form eines Säbels. Dieser Mann, sagt das Gesicht, hat in jeder Sekunde ein feindliches Ziel im Auge«. Bedenklich ist nicht alleine, daß in der Auseinandersetzung um das Verhalten der irakischen Regierung nicht politisch argumentiert wird, sondern über das Aussehen Saddams vermittelt werden soll, wie furchtbar und gefährlich er selbst und seine Politik sind. Geradezu rassistisch ist es, daß bestimmte Klischeevorstellungen des »Orientalen« benutzt werden (dichte Augenbrauen, große Nase, Schnurrbart), um ein Bild der Bedrohung zu zeichnen. So einer, wird vermittelt, ist unberechenbar (das ist eines der beliebtesten Vorurteile des Westens gegen die Araber), er ist in der Lage, alles und jeden zu vernichten.

▨ DIE MACHT DES VORURTEILS

Vorurteile dieser Art finden wir natürlich nicht nur dann, wenn es um Politiker aus dem Orient geht. Menschen, die aus der Türkei in die Bundesrepublik gekommen sind, oder als Kinder türkischer Eltern hier geboren und aufgewachsen sind, sind genauso Opfer von Vorurteilen. Die beliebtesten sind: Die Türken wollen am liebsten unter sich bleiben, türkische Mädchen werden von ihren Vätern und Brüdern scharf bewacht und türkischen Jungs sitzt das Messer locker in der Tasche.

Tatsächlich prallen, vor allem in den Großstädten, zwei relativ unterschiedliche Kulturen aufeinander – zumindest in der Vorstellung der meisten Menschen. Die Deutschen begreifen sich selbst als individualistisch, das heißt, sie legen Wert auf die Feststellung, daß jeder zunächst für sich selbst verantwortlich sei, tun könne, was er für richtig halte, daß Staat und/oder Familie sich in der Beschneidung der Rechte des Einzelnen zurückhalten sollten. Über die Türkinnen und Türken wird gemutmaßt, daß ein strenger Patriarch die Zügel fest in der Hand hielte, Frau und Tochter unterdrücke, daß statt der Rechte des Einzelnen die Familie oder die »Sippe« im Vordergrund stünde. Einmal ganz davon abgesehen, daß Pauschalisierungen dieser Art immer an der Wirklichkeit vorbeigehen (mindestens genausoviele Deutsche leiden unter der Individualisierung, man könnte auch sagen Vereinsamung, wie Türken unter dem Druck der Familie), selbst wenn das Bild stimmte, das sich viele Deutsche von Türkinnen und Türken machen: Was wäre so schlimm daran, außer, daß »die« Türken anders sind als »die« Deutschen? Aber, so sagen viele, wir haben doch für die Rechte des Einzelnen gekämpft, insbesondere für die Rechte von Frauen. Warum sollen wir dann nicht kritisieren und ablehnen dürfen, wenn Frauen, mit denen wir Haustür an Haustür wohnen unterdrückt werden? Muß man sich dann gleich als Rassistin, als Rassist fühlen?

Natürlich kann man im Einzelfall kritisieren. Das heißt aber auch: man muß die Umstände berücksichtigen, die zu bestimmten Verhaltensweisen führen, muß versuchen sich in den anderen hineinzuversetzen. In vielen Fällen wird man dann feststellen, daß das, was uns so verdammenswert erscheint, von den Betroffenen (in diesem Fall also den Mädchen und Frauen) zumindest teilweise anders gesehen wird.

JOHANN WOLFGANG VON GOETHE:
Darum werden so viele Menschen durch die Erscheinung eines neuen, fremden Menschen in der Gesellschaft beunruhigt. Er entdeckt ihnen, was sie nicht haben, und dann hassen sie ihn, oder er entdeckt ihnen durch sein Gegenteil, was sie haben, und so verachten sie ihn wieder.

▒ AISHES GESCHICHTE

Aishe zum Beispiel, eine meiner Nachbarinnen, ist in vielen Dingen anderer Ansicht als die »fortschrittlichen« Deutschen. Die 24jährige Studentin wuchs in einem kleinen Dorf im Osten der Türkei auf. Mit 18 kam sie nach Deutschland (wo der Vater wohnt), machte Abitur, an der Universität in München hat sie Soziologie und Anglistik belegt. Zusammen mit ihren beiden jüngeren Schwestern wohnt sie in einer kleinen Wohnung im Universitätsviertel, die der Vater finanziert. Aishe kennt also beide Welten –

den Orient und den Okzident, die Türkei und Deutschland. »Die meisten Menschen hier in Deutschland sind voll von Vorurteilen gegenüber der islamischen Welt – auch Leute, die ich gut kenne, und deren Bildung ich bewundere«. Die Geister scheiden sich meist schon an einem kleinen Stück Stoff, nicht mal einen Quadratmeter groß – dem Kopftuch. »Für viele sind Frauen, die ein Kopftuch tragen nichts anderes als die armen Opfer einer von religiösen Fanatikern und von Machos bestimmten Welt, Frauen, mit denen man in erster Linie Mitleid haben muß«, sagt Aishe. »Ich bin immer wieder erstaunt, warum sich meine deutschen Bekannten ausgerechnet über das Kopftuch so erregen können«. Geduldig versucht Aishe das Bild der Frau in einer islamischen Gesellschaft zu erläutern: Sie hält Vorträge an Volkshochschulen, diskutiert auf Solidaritätsveranstaltungen und versucht ihren Freunden eine andere Sichtweise zu vermitteln, indem sie von ihrem Leben als Kind und als junger Frau erzählt.

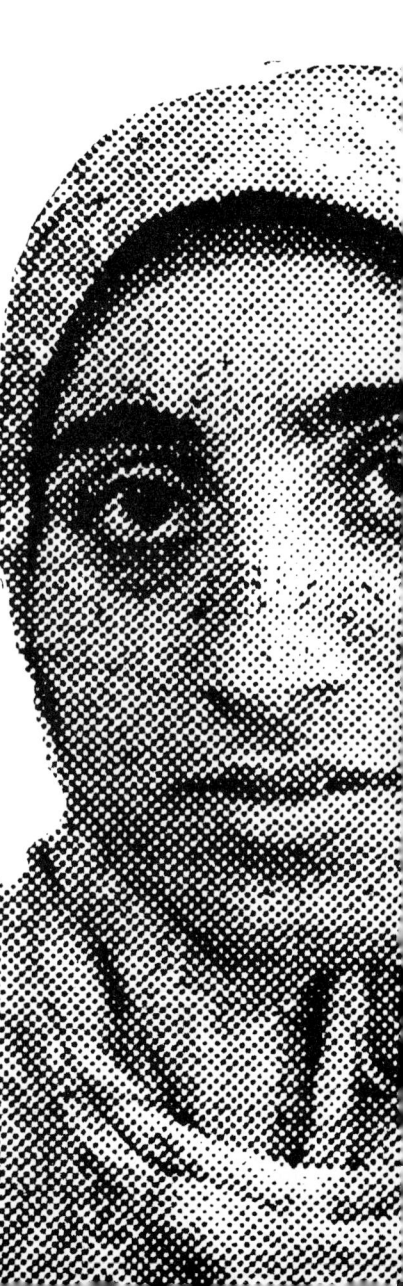

»Wir sind sechs Kinder in unserer Familie, vier Mädchen und zwei Jungen. Unsere Eltern, beide gläubige Muslims, machten keine großen Unterschiede zwischen uns Kindern, jedenfalls keine anderen, als ich sie hier in Europa beobachten kann. In dem kleinen Dorf in dem wir wohnten, waren die Frauen durchwegs zu Hause, schon alleine deswegen, weil die meisten Familien viele Kinder hatten. Natürlich waren die Frauen häufig zusammen, man traf sich auf der Straße, manche kochten oder wuschen gemeinsam, man hielt da und dort ein Schwätzchen und trank einen Tee. Das klingt sehr idyllisch – und zumindest für uns Kinder war es das auch. Wir Mädchen waren meistens bei den Frauen, und spielten; ab und zu mußten wir natürlich auch mal helfen. Die größeren Jungs spielten Fußball oder zogen durch die Gegend. Die Frauen waren also unter sich, und so wurde sehr viel über die Männer gelacht und jede Menge – auch anzüglicher – Scherze gemacht«.

Dieses Aufwachsen in einer eher frauen-orientierten Gemeinschaft bedeutete für Aishe: Schon als Kind wußte sie mehr oder weniger alles, was das Zusammenleben von

Männern und Frauen angeht – auch (aber natürlich nicht nur) in sexueller Hinsicht. Aishe: »Den meisten Leuten in Deutschland ist nicht klar, daß der Islam eine Religion ist, in der die Lust nicht verboten ist – im Gegensatz zum Christentum, das ja viele lustfeindliche Züge hat. Das prägt auch das Verhältnis von Männern und Frauen. Grenzen gibt es nur beim »Seitensprung«, der ist streng verpönt – und bei der Jungfräulichkeit von Mädchen, die immer noch einen hohen Wert darstellt. Wenn ich mir anhöre, was meine deutschen Freundinnen über die Schwierigkeiten mit ihren Partnern erzählen, dann bin ich mir sicher, daß eine ganze Reihe von Frauen aus meinem Dorf mit ihren Männern »lockerer«, mit weniger Zwängen leben – auch wenn sie ein Kopftuch aufhaben».

Daß dies nur ein Teilbereich des Lebens in einer islamischen Gesellschaft ist, weiß Aishe natürlich auch: »Das Patriarchat bringt insbesondere für die Frauen aus der Mittelschicht, die Berufstätigkeit und Familie unter einen Hut bekommen wollen, eine Menge Schwierigkeiten mit sich. Aber das ist ja bei vielen deutschen Familien auch nicht anders, auch wenn die Erscheinungsformen sich unterscheiden«. Worauf es Aishe ankommt, ist: Nicht die Tatsache, daß eine Reihe von türkischen Mädchen und Frauen ein Kopftuch tragen, auch nicht die Tatsache, daß sie Musliminnen sind, und schon gar nicht, daß sie einen türkischen Paß haben, macht die Einwanderinnen »anders«, zu bemitleidenswerten Opfern familiärer Unterdrückung. Sie werden erst in der Vorstellung von vielen Deutschen (auch von denen, die den »Ausländern« wohlgesonnen sind) dazu gemacht. »Natürlich gibt es bei den ganz besonders religiösen Familien mitunter große Auseinandersetzungen zwischen Eltern und Kindern, unter denen die Mädchen mehr zu leiden haben als die Jungen. Aber dazu muß man auch wissen, daß den Mädchen – genauso wie zu Hause in der Türkei – einiges einfällt, um sich Freiräume zu erobern. Und im übrigen spricht man ja bei den Deutschen auch nicht in erster Linie von Familien, in denen die Eltern christlichen Sekten anhängen, wenn es um die Fragen der Mädchenerziehung geht«.

Aishe: »Vieler meiner Landsleute machen allerdings einen Fehler: Sie genieren sich fast bestimmte Verhaltensweisen, bestimmte Sitten und Gebräuche zu erklären. Statt selbstbewußt zu sagen: So machen wir das eben – haben sie Angst, von den Deutschen deswegen ausgelacht oder als »primitiv« angesehen zu werden. Dabei ist es doch wirklich egal, um ein einfaches Beispiel zu nennen, ob die einen im Haus eine Gans braten, weil christliches Weihnachten ist, und die anderen (zu einem anderen Zeitpunkt) ein Lamm in den Ofen schieben, weil islamisches Opferfest ist«.

Und wie hat sie selbst die Unterschiedlichkeit zweier Kulturen erlebt? »So ungeheuer unterschiedlich finde ich sie gar nicht. Mein Vater war sehr um mich besorgt als ich nach Deutschland kam. Aber ich habe ihm nicht alles erzählt, wenn ich mit Jungs aus war – wie meine deutschen Freundinnen auch. Mein erster Freund war ein Deutscher, jetzt bin ich mit einem jordanischen Kommilitonen zusammen. Mein Vater hat gelernt zu akzeptieren, daß der bei mir ein- und ausgeht – aber das wäre ja auch so, wenn ich in Istanbul statt in München studierte. Von meinem deutschen Freund habe ich sehr viel gelernt – warum die Menschen hier so sind, daß vieles, was mir am Anfang sehr seltsam, sehr fremd, sehr kalt vorkam, seine Begründung einfach in einer anderen Sichtweise hat – und daß nicht alle Deutschen so sind. Und mit meinem jordanischen Freund erlebe ich, wie sehr mir die Gemeinsamkeiten mit jemandem, der ebenfalls im Orient aufgewachsen ist, gefallen. Die Konsequenz für mich daraus ist – und das versuche ich auch meinen deutschen Freundinnen und Freunden zu erklären – daß es in der Art und Weise wie Menschen bei uns leben und der Art und Weise wie Menschen in Deutschland leben Unterschiede gibt, daß diese Unterschiede aber nichts Trennendes haben – wenn man bereit ist den jeweils anderen zuzuhören. Mein persönliches Problem bleibt, daß ich als Türkin in der Bundesrepublik anders lebe als in der Türkei und nochmal anders als meine deutschen Freundinnen«.

Aishe mag vielleicht privilegierter sein als andere Einwanderinnen. Ihre Sichtweise der Probleme aber läßt sich durchaus verallgemeinern. Zwar ist nach wie vor nicht richtig erforscht, was »die Ausländer« über das Leben in der Bundesrepublik denken (das ist auch deswegen ungewöhnlich, weil es sonst keine andere wichtige Bevölkerungsgruppe gibt, deren Meinung und Verhalten nicht genauestens dokumentiert wäre). Was Aishe sagt, trifft aber den Kern: Die Einwanderinnen und Einwanderer verlangen (zu Recht) wegen ihrer Religion und wegen ihrer Kultur nicht geringgeschätzt zu werden. So wie sie sich gewissen Gepflogenheiten in der Bundesrepublik anpassen (müssen), so müssen die Bundesbürger lernen mit dem Verhalten von Menschen umzugehen, die ihre Wurzeln in einer anderen als der deutschen Gesellschaft haben.

WIE EIN CHAMÄLEON

Viele Menschen sind der Meinung die »Ausländer« sollten sich, wenn sie in Deutschland leben, auch so »wie Deutsche« verhalten. Was das heißt, kann aber keiner derjenigen sagen, die das fordern. Denn, wie schon weiter oben ausgeführt: »die Deutschen« und damit eine »deutsche Verhaltensweise« gibt es nicht. Die Deutschen, wie alle anderen Völker, unterscheiden sich sehr stark voneinander, sind bestenfalls von ihrer Gruppenzugehörigkeit her jeweils gemeinsamen Verhaltensweisen zuzuordnen. Das heißt: Von ei-

FREMDE SIND LEUTE

Fremde sind Leute,
die später gekommen sind als wir:
in unser Haus, in unseren Betrieb,
in unsere Straße,
unsere Stadt, unser Land.
Die Fremden sind frech:
die einen wollen so leben wie wir,
die anderen wollen nicht so leben
wie wir.
Beides ist natürlich widerlich.
Alle erheben dabei Ansprüche
auf Arbeit,
auf Wohnungen und so weiter,
als wären sie normale Einheimische.
Manche wollen unsere Töchter
heiraten,
und manche wollen sie sogar nicht
heiraten,
was noch schlimmer ist.
Fremdsein ist ein Verbrechen,
das man nie wieder gutmachen kann.
GABRIEL LAUB

TOMAS BORGE, Schriftsteller, führender Politiker (und ehemaliger Innenminister) Nicaraguas:
»Der Sturz der Berliner Mauer ist nur ein unbedeutendes Geräusch verglichen mit dem Krachen, das zu hören sein wird, wenn die stinkende Barriere fällt, die Harlem und Manhatten trennt, oder erst recht mit dem dröhnenden Fall der riesigen Mauer, die Nord und Süd trennt, die siegreichen von den besiegten Ländern, jene Mauer, erbaut aus Bergen von Totenköpfen, Geldscheinen und Eitelkeit, mit dem Schweiß und Blut unserer verarmten Parzellen der Dritten Welt. Vergessen wir nicht, daß es immer noch die Großmächte des Konsums und die Großmächte des Hungers gibt. Unterschätzen wir nicht die Macht der Gläubiger, unterschätzen wir vor allem nicht die Macht der Schuldner. Vorsicht vor jeder Art von Gedächtnisschwund: der Hunger hat eine Stimme und er wird sie erheben. Was heute noch der Überfall auf einen Supermarkt, die Überwindung von Barrikaden und Stacheldraht ist, wird morgen der Sturm sein, der mehr als Mauern aus Beton und Stahl hinwegfegen wird«.

ner türkischen Familie, deren Mitglieder verschiedenen Berufen nachgehen und an unterschiedlichen Orten wohnen, verlangte man völlig unterschiedliche Anpassungsleistungen. Auch wenn jeder sich wie ein Chamäleon völlig angliche an die Gruppe mit der er hauptsächlich lebt: Heraus käme vermutlich, daß jene Deutschen, die anders leben als die Menschen der Gruppe, an die sich unser Türke so gut angepaßt hat (also »die« Vorstädter, »die« Arbeiter, »die« Geschäftsleute etc. etc.) wieder schimpfen würden, der Ausländer solle doch gefälligst so leben »wie die Deutschen«...

Das Anderssein wird als feindlich empfunden, oft sogar als bedrohlich, auf jeden Fall aber als eine Verhaltensweise, die vom »Normalen« abweicht und deswegen zu verurteilen ist. Bereits wenn man über den Begriff des »Normalen« nachdenkt, wird man darauf kommen, daß es »die« Normalität nicht gibt, sondern nur sehr viele verschiedene Normalitäten, die verschiedene Menschen auch immer wieder unterschiedlich benennen. Und zugleich steckt in dem Begriff »Normalität« etwas Gefährliches, die Norm eben, das Maß, nach dem sich alles zu richten hat. Was

»man« zu tun und zu lassen hat, was »man« zu denken hat, wie »man« seine Wohnung einzurichten oder sich zu kleiden hat – das alles wird festgelegt. Festgelegt von wem? Von den Menschen eben, die fest daran glauben, daß sie »normal« leben, daß »man« so sein soll wie sie selbst. Sie werden niemals akzeptieren, daß sich jemand dem Joch ihrer »Normalität« nicht unterwirft, und sei es die Absurdität, daß sie zum Beispiel geradezu aggressiv werden, wenn eine Muslimin, ein Muslim es ablehnt Alkohol zu trinken.

Und damit schließt sich der Kreis: Aus solchem Verhalten speist sich die Ausländerfeindlichkeit, und damit das, was wir den kulturellen Rassismus nannten. Meist ist es eine Mischung aus Einzelerlebnissen (»also unser portugiesischer Nachbar prügelt immer seine Kinder) und allgemeinen Vorurteilen («die Italiener sind immer am Feiern und furchtbar laut»), die in das Urteil über Ausländer einfließen. Das Entscheidende dabei ist nicht die Feststellung, daß die »Anderen« anders sind, sondern die Feststellung, daß die Deutschen besser sind, alles richtiger machen. Das ist das gleiche Verhalten, wie das unserer Vorfahren, die glaubten, die Europäer seien den Menschen anderer Kontinente deswegen überlegen, weil sie eine weiße Haut, oder die richtige Religion haben. Man kann es auch so formulieren: Der Rassismus ist geblieben, aber seine Erscheinungsform hat sich geändert. Für »minderwertig« hält man Menschen nicht mehr alleine wegen ihrer Hautfarbe, sondern auch wegen ihrer Kultur. Im Umgang der Menschen miteinander schafft das natürlich Probleme. Wir leben in einer Zeit, in der man die »Minderwertigen« nicht einfach versklaven kann, in der die »Unzivilisierten« nicht auf entfernten, unerreichbaren, anderen Kontinenten wohnen, sondern – für die Rassisten ein Graus – mitten unter uns.

▨ ANPASSUNG ANS ABENDLAND

Viele Menschen, die rassistisch denken, wollen ihr Problem lösen, indem sie von den Einwanderern verlangen, daß sie so zu werden hätten wie »die Deutschen«, sie sollten sich also integrieren (eingliedern) oder assimilieren (angleichen). Diese Forderung geht den meisten Rechtsradikalen nicht

weit genug. Sie lehnen auch die Integration oder Assimilierung ab. Ihnen ist die Vorstellung, es könne in Deutschland (oder ganz allgemein in Europa – die Rechtsradikalen in Frankreich, Belgien oder Großbritannien denken genauso) mehrere gleichberechtigte Kulturen nebeneinander geben, unerträglich. Für sie ist allein die deutsche (oder europäische) Kultur es wert, praktiziert zu werden. Sie sehen in der Tatsache, daß mehrere Millionen Einwanderer in den verschiedenen europäischen Staaten leben, einen Angriff auf das, was das »Abendland« ausmache. In ihrer Argumentation knüpfen sie zugleich an die alte Angst vor einer »Vermischung von Rassen« an. Denn das würde ja zwangsläufig passieren, meinen sie, wenn die Einwanderer sich integrierten: Es gäbe keine »Schranken« mehr zwischen den verschiedenen Bevölkerungsteilen, also würden sie sich auch »vermischen«. Wer so argumentiert findet derzeit nicht viele Anhänger. Zu sehr ist den Menschen klar, daß hier die alte Ideologie der Nazis, wenn auch in anderem Gewande, vertreten wird.

Weniger schnell als Rassisten zu durchschauen sind diejenigen, die die Anpassung der Einwanderer verlangen. Für viele Menschen klingt das ja auch ganz vernünftig. Sie meinen, wenn Leute aus anderen Ländern schon bei uns wohnen, dann sollten die sich eben auch an unseren Lebensgewohnheiten orientieren. Daß es »die« Lebensgewohnheiten nicht gibt, sondern nur die einzelner Menschen, haben wir schon beschrieben. Und daß es manches an anderen Menschen gibt, was einen stören kann, ist auch klar. Keiner steht deswegen, weil er aus einem anderen Land kommt, außerhalb der Kritik. Einwanderinnen und Einwanderer sind – auch das ist selbstverständlich – nicht einfach deswegen, weil sie aus einem anderen Land kommen, »bessere Menschen«, die man auf jeden Fall und unter allen Umständen mögen muß. Bei vielen Deutschen aber muß die Toleranz wachsen, die Fähigkeit zu akzeptieren, daß in unserer klein gewordenen Welt auch andere Menschen mit anderen Verhaltensweisen bei uns wohnen. Lernen könnten viele Leute von den US-Amerikanern. Zwar sind die USA bestimmt kein Land, in dem das Zusammenleben zwischen den verschiedenen Bevölkerungsgruppen reibungslos verläuft. Aber kein New Yorker (zum Beispiel) käme auf die Idee sich darüber aufzuregen, daß im chinesischen Stadtviertel, in Chinatown, nichts mehr an den englischsprachigen Teil der Stadt erinnert – im Gegenteil: Chinatown gilt als Touristenattraktion, als ein Viertel, in das man gerne Besucher führt. Den chinesischen Einwanderern bleibt es überlassen, ob sie wie die Durchschnittsamerikaner leben wollen (was die meisten tun), oder ob sie bei Sprache, Schrift und Tradition ihres Heimatlandes bleiben. Genauso selbstverständlich müssen die Menschen bei uns akzeptieren, daß es auch in unseren Städten Viertel gibt, in denen es sich die Einwanderer nach ihren Bedürfnissen einrichten. Ihnen vorzuschreiben, wie sie zu leben hätten, steht uns nicht zu.

GIBT ES »RASSEN«?

Zusammen mit den Missionaren und Kaufleuten waren in der Kolonialzeit auch Wissenschaftler in alle Kontinente ausgeschwärmt, die nicht alleine die neuen Länder vermaßen, nach Bodenschätzen suchten, oder die Tier- und Pflanzenwelt erforschten. Es ging auch darum, die Überlegenheit der weißen »Rasse« wissenschaftlich nachzuweisen. Der Grundgedanke in der »Frühzeit« des wissenschaftlichen Rassismus war, daß es in der Entwicklung der Menschheit, der Evolution, verschiedene Stufen gebe. Die weiße »Rasse« sei in der Evolution den anderen um einige Stufen voraus. Ursache für diese höhere Stufe sei unter anderem das gemäßigte Klima Mitteleuropas, das weder zu kalt noch zu heiß sei. Und auf der anderen Seite doch so unwirtlich, daß es den Menschen immer schon »kulturelle Leistungen« wie den Bau von festen Häusern, oder besondere Formen der Landwirtschaft usw. abverlangt habe. Dies sei in den Tropen nie der Fall gewesen.

Dieser biologische Rassismus, der davon ausgeht, daß nicht alleine Äußerlichkeiten (wie die Hautfarbe) sich vererbten, sondern auch jene Charaktereigenschaften, die bestimmten »Rassen« zugeordnet werden, spielt auch heute noch eine Rolle. Einige Verhaltensforscher gehen sogar weiter. Sie meinen, daß bestimmte Verhaltensweisen von Tieren wie zum Beispiel die Feindschaft gegen Artgenossen, die nicht zum eigenen Rudel oder der eigenen Gruppen gehören, auch dem Menschen zu eigen seien. Diese Argumente finden sich heute noch in vielen Biologiebüchern. Vor allem aber die Rechtsextremen machen sie sich zu eigen, um nachzuweisen, daß die weiße »Rasse« überlegen sei und sich »zu Recht« gegen Fremde wehre.

Der Verhaltensforscher Irenäus Eibl-Eibesfeld wird zum Kronzeugen aufgerufen. Er schreibt: »Daß gerade bei geselligen Tieren der fremde Artgenosse Flucht oder Angriff auslöst, ist ein nahezu durchgehendes Prinzip im Tierreich... Gerade bei gruppenlebenden Primaten, die Pongiden und den Menschen inbegriffen, ist dieser Zug besonders ausgeprägt«. Natürlich kann man zuerst in Frage stellen, ob man das Verhalten von Tieren, auch das von Menschenaffen, ganz generell auf das Verhalten von Menschen übertragen kann. Selbst wenn man diese Frage bejaht (es gibt viele Wissenschaftler, die diese Frage nicht vorbehaltlos bejahen), muß man sich die Forschungsergebnisse der Verhaltensforscher genau ansehen, um zu beurteilen, ob nicht voreilige Schlüsse gezogen wurden. So schreibt der Wissenschaftler G. H. Neumann in einem an Universitäten verbreiteten Lehrbuch: »Auch beim Menschen dürfte es eine angeborene Disposition zu solcher Gruppenaggressivität geben. Diese ist genetisch vorprogrammiert und nicht erlernt... Stammesgeschichtlich angepaßt ist weiter unsere Bereitschaft zur Fremdenablehnung, die zur Abschließung der eigenen Gruppe von anderen Gruppen führt«. Wenn man G. H. Neumann folgt, dann heißt das: Die Menschen sind von ihrer Erbanlage her nicht in der Lage mit anderen Gruppen, in unserem Fall also mit anderen Völkern, oder Fremden ganz allgemein, zusammenzuleben. Und es heißt weiter: Wenn es zu Aggressionen, also zu Übergriffen gegen Fremde kommt, dann ist das eigentlich gar nicht zu verurteilen, weil es eben der menschlichen Natur entspricht. Selbst wenn hier keine Unterscheidung mehr gemacht wird, zwischen »höherwertigen«, also weißen, und »minderwertigen«, also andersfarbigen Menschen, wird aber doch gesagt, daß es ein Miteinander von Menschen unterschiedlicher Kultur, oder von unterschiedlichem Aussehen gar nicht geben könne, weil es der Natur des Menschen widerspräche. Dieser Gedanke ist, das versteht sich von selbst, zutiefst rassistisch.

▨ FREUNDLICHE AFFEN

Und dennoch: Wenn es der Natur des Menschen wirklich entspräche, rassistisch zu sein, ob es uns gefällt oder nicht? Der griechische Anthropologe (»Menschenwissenschaftler«) Georgios Tsiakalos hat sich die Mühe gemacht, all die Studien zu lesen, auf die sich die Verhaltensforscher berufen. Sein Ergebnis: Fremdenfeindliches Verhalten läßt sich weder bei Menschenaffen, noch bei relativ aggressiven Tieren wie den Ratten generell nachweisen. Natürlich gibt es im Tierreich Kämpfe um die Futter-

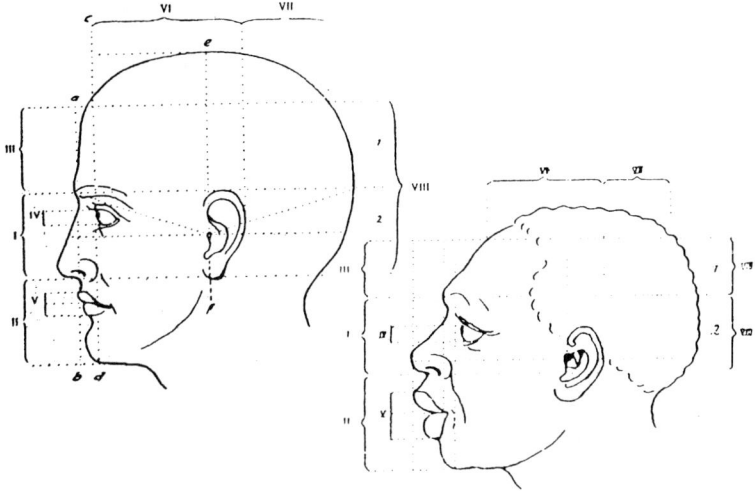

plätze und um die Rangfolge in der Gruppe. Und wenn ein fremdes Tier zu einer Gruppe Artgenossen stößt, dann wird es vertrieben – oder auch nicht. Tsiakalos fand in den Forschungsergebnissen der Verhaltensforscher, die über längere Zeit verschiedene Affenarten beobachtet hatten, Berichte über aggressives Verhalten genauso wie Berichte, daß fremde Artgenossen durchaus freundlich aufgenommen wurden, oder daß junge Affen, an der Schwelle zum Erwachsenwerden sich neue Gruppen suchen, denen sie sich dann anschließen. Auch bei Tieren also gibt es keine überall vorkommende, angeborene Fremdenfeindlichkeit.

Ebenfalls aus der Biologie kommt die Ansicht, daß es verschiedene Menschen-»Rassen« gäbe. Die Biologen versuchen dabei die Menschen, ähnlich den Tieren, in unterschiedliche Gruppen einzuteilen. Durchwegs werden die Hautfarbe und andere körperliche Merkmale wie Form von Augen oder Mund, die Beschaffenheit der Haare etc. als Unterscheidungsmerkmale benutzt. Abgesehen davon, daß diese Unterscheidungsmerkmale mehr als fragwürdig sind, gehen sie auch an der Wirklichkeit vorbei. Schwarze Menschen zum Beispiel, Menschen also, deren Haut mehr Pigmente (Farbkörper) aufweist als die Haut der Weißen, sind ebensowenig einfach »schwarz« wie Weiße »weiß« sind. Die Menschen zwischen Tunis und Kapstadt, zwischen Luanda und Nairobi sehen genauso verschieden aus, wie die Menschen zwischen Helsinki und Palermo oder Lissabon und Moskau. Auch die Tatsache, daß die Menschen in Asien durchwegs eine andere Augenform haben als die Europäer oder Nordamerikaner ist noch lange kein Anlaß von »Rassen« zu sprechen. Auch wenn es uns manchmal so erscheinen mag, als sähen die Japaner alle gleich aus: Den Japanern geht es mit uns »Langnasen« (so nennen die »Schlitzaugen« die Weißen) nicht anders. Und die »typische« Augenform der Menschen in Asien kann man auch bei Völkern in Nordamerika oder im südlichen Afrika finden…

Die äußerlichen Unterschiede zwischen den Menschen auf der Erde sind so gering, daß es sich von selbst verbietet von »Rassen« zu sprechen. Vor allem dann, wenn man die Biologen beim Wort nimmt, und sich anschaut, wie sie Rassen unterscheiden: »Eine Rasse ist eine Gruppe von Individuen, die einen bestimmten Anteil ihres Erbanlagen-Bestandes gemeinsam hat, wodurch sie sich von anderen Rassen unterscheidet«.

Beim Menschen (biologisch: Homo sapiens) kann man alleine deswegen nicht von »Rassen« sprechen, weil die Erbanlagen aller (verschiedenen) Menschen-»Arten« sehr viel mehr Gemeinsames als Unterschiedliches haben. Das liegt auch daran, daß die Menschen zu den »jüngsten Säugetieren« auf der Welt gehören und in der relativ kurzen Zeit ihres Daseins sich wesentlich weniger unterschiedlich entwickelten als andere Lebewesen. Das heißt: Es kann alleine deswegen keine unterschiedlichen Menschen-»Rassen« geben, weil die Menschen in ihrer Entwicklungsgeschichte zur Ausbildung unterschiedlicher Erbanlagen-Bestände gar keine Zeit hatten.

Manche Leute sagen, auf die äußerlichen Unterschiede zwischen den Menschen hinweisend, daß es doch so ähnlich sei wie bei Hunderassen. Dort gäbe es ja auch natürliche Unterschiede zwischen dem winzigen Pinscher und der riesigen Dogge, Unterschiede zwischen schwarzen, gelben, weißen, braunen, oder gefleckten Tieren. Diese verschiedenen Hundearten, die man tatsächlich als Rassen bezeichnet (und besonders edle Hunde ja auch lobend Rassehunde nennt) wiesen allerdings in ihrer »Entstehungsgeschichte« einen wirklich entscheidenden Unterschied

zum Menschen auf. Sie wurden von Menschen im Lauf von Jahrtausenden gezüchtet. Und ganz bewußt wurden den Hunden (wie auch den Katzen oder sogenannten Nutztieren wie Pferden, Kühen oder Schweinen) bestimmte Eigenschaften angezüchtet: Dackel sind klein, kurzbeinig und lang, weil sie in Fuchsbauten kriechen sollen, Schäferhunde sind kräftig, groß und langbeinig, weil sie sonst ihrer Aufgabe des Schafehütens nicht nachkommen könnten, Pekinesen sind zierliche Schoßhündchen, weil die chinesischen Adeligen solche Minihunde besonders gern hatten und so weiter, und so weiter. Menschen haben also gezielt eingegriffen, um durch Zucht Lebewesen (nicht nur Tiere, sondern auch Pflanzen) so zu gestalten wie sie es für nützlich und notwendig hielten. Deswegen gibt es also bei Hunden tatsächlich große Unterschiede zwischen den Rassen. Die Menschen aber hat niemand gezüchtet. Ihre äußerlichen Unterschiede, die sich ausgeprägt haben in den vielen hunderttausend Jahren, seitdem die Menschen irgendwo im südlichen Afrika zum ersten Mal auftauchten, können vom unterschiedlichen Klima herkommen (die Wissenschaftler wissen es bis heute nicht so genau). Sie konnten sich auch deshalb ausprägen, weil die Menschen während der allerlängsten Periode ihrer Entwicklungsgeschichte sehr abgeschottet voneinander lebten. Erst in der Neuzeit (also seit dem 15. Jahrhundert) gibt es regelmäßige Kontakte zwischen den Menschen verschiedener Erdteile. Das 20. Jahrhundert brachte und bringt die größte Völkerwanderung in der Geschichte der Menschheit. Ihr Ende ist nicht abzusehen. Eine der Folgen ist, daß Menschen aus den verschiedenen Erdteilen und Regionen jetzt enger zusammen leben. Dadurch werden sich nicht nur bestimmte Eigenheiten und Gewohnheiten der Menschen ändern. Auch ihre äußere Gestalt wird langfristig anders werden, da ja Menschen aus den verschiedenen Bevölkerungsgruppen einander heiraten und Kinder zusammen haben.

WARUM WIRD EINER RASSIST?

Wir können diese Frage auch anders stellen: Warum wird eine/r zum Menschenhasser? Wenn Jugendliche oder Erwachsene andere Menschen als »Kanacken«, »Nigger« oder »Judenschweine« bezeichnen, dann spricht Haß und Verachtung aus ihnen. Woher aber stammt dieser Haß, fragen sich diejenigen, die gerade nicht hassen. In ihrer Ratlosigkeit beginnen sie vielleicht die Haßerfüllten zu hassen – die »Glatzen« und »Nazischweine«. Haß ist eine sehr menschliche Eigenschaft, ein heftiges Gefühl von Wut und Ablehnung. Vermutlich hat jeder Mensch schon einmal gehaßt, wenn nicht andere, dann vielleicht sich selbst. Haß ist kein besonders angenehmes Gefühl. Das Gegenteil von Wärme, Liebe, Zuwendung. Haß fühlt sich kalt an, will vernichten und zerstören.

Haß hat Ursachen und deshalb ist es ziemlich phantasielos, wenn heute Politiker, Lehrer und Eltern so tun, als könnten sie sich nicht erklären, woher plötzlich diese »Welle von Haß« kommt, die unser so »friedliches« Deutschland überflutet. Haß ist immer eine Reaktion auf Leid, das Menschen angetan wird. Gewalt, Unterdrückung, Verletzung von Gefühlen, Ungerechtigkeit, mangelnde Liebe – all das kann zu Haß führen und es gibt jede Menge davon in unserem Land und auf der ganzen Welt.

Zwar bemühen sich viele Menschen darum, freundlich mit ihren Mitmenschen umzugehen, doch vor Verletzungen ist kein Kind und kein Erwachsener sicher. Von klein auf sollen wir alles richtig machen, sollen funktionieren, den Erwartungen unserer Eltern, Lehrer, Vorgesetzten entsprechen. Gelingt das nicht – und wem gelingt es schon – so werden wir bestraft, weniger geliebt und sogar verachtet. Daß es den Eltern, Lehrern und Vorgesetzten früher (und auch heute noch) genauso erging und ergeht, ist dabei kein Trost. Es ist auch kaum ein Trost, daß es nahezu allen Menschen, zumindest in den äußerst leistungsbezogenen Industrienationen so ergeht. Die Schicksale der einzelnen Menschen innerhalb einer Leistungsgesellschaft sind natürlich sehr unterschiedlich.

Nicht alle werden gleichermaßen verletzt, es gibt schließlich auch verständnisvolle Eltern. Und außerdem gibt es verschiedene Situationen, in die Kinder hineingeboren werden. Nicht alle Menschen sind reich, die Mehrzahl kommt gerade so über die Runden. Wer aber in unserer Gesellschaft nicht erfolgreich ist, der ist auch nicht sehr angesehen und fühlt sich häufig als Versager, gibt sich selbst die Schuld, daß er oder sie es im Leben nicht weitergebracht hat. Ein Beispiel dafür: Wer wird höher geachtet? Ein Mann von der Müllabfuhr oder ein Bankangestellter oder gar Bankdirektor? Die Antwort ist klar. Kann aber jemand gar nicht mehr arbeiten, weil er oder sie zu krank ist oder wird jemand arbeitslos, so sinkt das Ansehen weiter. Die Betroffenen fühlen sich überflüssig, von den anderen ausgeschlossen. All das löst Haß und Verzweiflung aus. Es gibt verschiedene Arten der Verarbeitung von Haß. Viele Menschen wenden den Haß, den sie empfinden nach innen und damit gegen sich selbst. So werden eine Menge Erwachsener und auch Jungendlicher drogenabhängig – also trinken sie unmäßig Alkohol oder beginnen, harte Drogen zu konsumieren. Damit können sie ihren Haß und Schmerz betäuben, allerdings um einen hohen Preis: sie zerstören ihre Gesundheit. Andere verfallen in tiefe Depressionen und werden psychisch krank. Wieder andere, und das ist im Allgemeinen die kleinere Zahl, lenken ihren Haß nach außen, gegen andere Menschen, Gegenstände oder die Umwelt.

Nur eine kleine Zahl dieser »Gewalttätigen« allerdings rächt sich an den Verursachern ihres Schmerzes, meistens sind Schwächere ihre Opfer, z. B. Kinder, Frauen, Menschen anderer Hautfarbe oder auch Tiere. Tausende von Kindern werden jedes Jahr in der Bundesrepublik von ihren Eltern schwer mißhandelt, ja regelrecht gefoltert. Einige Kinder finden dabei den Tod.

HASS PFLANZT SICH FORT

Frau A. ist heute 85 Jahre alt. Sie ist eine alte Dame, die ungehöriges Verhalten anderer immer sehr heftig kritisiert. Sie hat auch erschreckend kräftige Sprüche parat, wenn sie wütend wird. Liest sie etwa in der Zeitung von einem Verbrechen, so sagt sie: »Der Kerl sollte verkehrt herum auf-

gehängt werden«. Verhält sich ihre erwachsene Tochter anders als Frau A. das möchte, so fällt immer wieder der haßerfüllte Satz: »Hätte ich dich doch nie geboren«! Als die Tochter noch klein war hat Frau A. auch heftig zugeschlagen, nicht mit Worten, sondern mit dem Kochlöffel oder der Hand. Doch Frau A. ist nicht einfach nur eine böse Frau, hinter ihrem Haß, der immer wieder durchbricht, verbirgt sich eine Kindheitstragödie. Frau A. wuchs auf einem Bauernhof als ältestes von zwölf Kindern auf. Der Vater war ein gewalttätiger Säufer, der regelmäßig Frau und Kinder verprügelte. Frau A's Kindheit glich zeitweise einer Hölle. Angst, Wut und Haß steigerten sich bei ihr und ihrem Bruder so sehr, daß sie beschlossen, den Vater umzubringen. Als er eines Nachts betrunken aus dem Wirtshaus wankte, lauerten die beiden Jugendlichen am Bach, um ihn hineinzustoßen. Doch die Angst vor dem Vater war zu groß, sie blieben zitternd im Dunkeln stehen, bis er vorüber war. Mit sechzehn lief Frau A. von zu Hause weg und kehrte nie mehr zurück. Doch der gewalttätige, erschreckende Vater blieb in ihrer Seele wie ein drohendes Gespenst. Sie haßte Alkoholiker und gewalttätige Männer, ja eigentlich alle Männer. Doch sie heiratete einen Alkoholiker und sie wurde für einige Jahre Anhängerin der Nazis, erhoffte von Hitler Rettung und Fürsorge, obwohl er als gewalttätiger und haßerfüllter Vaterersatz eigentlich relativ leicht zu erkennen gewesen wäre.

Frau A. hätte zwar nie selbst Gewalt gegen Juden angewandt, im Gegenteil, sie half sogar einigen jüdischen Nachbarn bei der Flucht vor den Nazis. Aber Frau A. mochte Juden nicht, hielt sie für eine Gefahr. Zwar wußte sie nicht genau welche Gefahr, doch sie waren einfach unangenehm, weil sie anders lebten, schwach und stark gleichzeitig erschienen. Schwach aber wollte Frau A. um gar keinen Preis sein – nie mehr so schwach und hilflos wie damals, als der Vater gegen sie wütete, sie schlug und beleidigte. Die Juden wurden im Dritten Reich mißhandelt und ermordet, die Nazis aber waren stark. Frau A. wollte stark sein. Die Nazis begann sie erst zu hassen, als sie schwach wurden und den Krieg verloren hatten. Da hatte sie sogar eines nachts einen Alptraum, in dem ihr Hitler in Gestalt ihres Vaters erschien und die Erde zerstörte. Sie erkannte auch in den Jahren nach dem Zusammenbruch der Naziherrschaft nie so etwas wie eine eigene Mitverantwortung an den Greueltaten dieser Zeit an, sondern meinte, daß an all dem nur Hitler und »die Nazis« die Schuld trügen.

Frau A. ist eine ganz »normale Frau«, die Anfang unseres Jahrhunderts geboren wurde. Ihre Geschichte ist keineswegs außergewöhnlich. Noch stärker als heute war die Gesellschaft damals autoritär, das heißt von den Menschen wurde Gehorsam erwartet. Dieser Gehorsam zog sich durch alle Zellen der Gesellschaft: Kinder mußten sich den Eltern unterwerfen, Frauen den Männern, Männer den Vorgesetzten und alle gemeinsam dem Kaiser und später den politischen Führern. Wer nicht gehorsam war, wurde bestraft.

Auch heute noch ist unsere Gesellschaft zum größten Teil auf Gehorsam aufgebaut, wenn auch versteckter und mit größeren Möglichkeiten zum Ungehorsam. Die Auswirkungen einer autoritären Gesellschaft auf ihre Mitglieder sind immer verhängnisvoll. Gehorsam ist stets die Unterwerfung unter den Willen eines anderen, weil dieser andere Macht über einen hat. Wenn Eltern ihren Kindern gewaltsam ihren

Willen aufzwingen, so kann das Todesängste auslösen. Vater und Mutter verkörpern für ein Kind Schutz, Liebe und Fürsorge. Wenn ein Kind von denjenigen, die es schützen sollten, körperlich oder seelisch überwältigt und mißhandelt wird, wird die Angst so übermächtig, daß sie nicht mehr auszuhalten ist. Um zu überleben, muß es also diese Angst irgendwie in den Griff bekommen. Die Angst ist so ungeheuerlich, daß sie nicht nur einfach verdrängt werden kann – sie wird abgespalten.

Dieser Vorgang ist inzwischen sehr genau erforscht. Er besagt, daß ein Teil des Gefühls, der Psyche oder Seele – wie man es auch nennen mag – abgesondert wird. Die Angst ist dann zwar noch da, doch man spürt sie nicht mehr, ja oft erinnert man sich kaum noch daran. Der amerikanische Psycholoanalytiker Arno Gruen beschreibt diese Verwandlung der Gefühle so:

»Um diese Angst, wie auch mit ihr verbundenen Schmerz von sich weghalten zu können, geschieht etwas Außergewöhnliches. Das Kind fängt an, seine Unterdrücker, den Aggressor, zu idealisieren, ihn zum Objekt seiner Identifikation zu machen. Auch Erwachsene können diesen Vorgang unter den Bedingungen einer Gefangenschaft oder Folter wiederholen«. Diese Extremsituation tritt immer dann ein, wenn ein Kind keinen Ausweg sieht, wenn es sich also nicht zu einem anderen Erwachsenen flüchten kann, der es schützt. Das kommt häufiger vor, als man glauben möchte. Vater und Mutter halten häufig zusammen – Mütter helfen ihren Kindern oft nicht, weil sie selbst Angst vor gewalttätigen Männern haben. Wenn jede Hilfe ausbleibt, dann geschieht noch etwas in der Seele eines Kindes. Es gibt sich selbst die Schuld an der Strafe und Gewalttätigkeit, die es erleiden muß. In seiner Psyche entsteht die Vorstellung, daß es schlecht und nicht liebenswert sei. Das ist der Anfang von Selbsthaß und Haß.

WENN MAN SEINE EIGENEN GEFÜHLE NICHT KENNT

Wenn heute junge Menschen, meist junge Männer, die Unterkünfte von Asylsuchenden anzünden, wenn sie gar fremde Menschen totschlagen,

dann fordern die Politiker »hartes Durchgreifen« und »Höchststrafen«, denn das sei die einzige Sprache, die von solchen Gewalttätern verstanden werde.

Bedauerlicherweise haben sie tatsächlich recht, denn die Sprache der Strafe und der Gewalt ist die einzige Sprache, die solche jungen Menschen gelernt haben – und zwar von Kind auf. Sie haben den Zugang zu ihren weichen, mitmenschlichen und mitleidenden Gefühlen verloren. Weiche Gefühle bedeuten eine entsetzliche Gefahr für diese Menschen, denn sie würden den alten, vergessenen Schmerz wieder in Erinnerung rufen. Menschen, die ihnen mit wirklicher Liebe und Verständnis entgegentreten, werden deshalb zunächst verachtet und ebenfalls gehaßt. Neben dem Haß gibt es nur ein endloses Gefühl der Leere, mit der ebenfalls kaum zu leben ist. Die Leere muß also irgendwie aufgefüllt werden. Sich tot zu fühlen hält niemand aus. Die Lebendigkeit wird deshalb draußen gesucht, wenn sie nicht drinnen sein kann. Gewalttätigkeit gibt so ein Gefühl von Lebendigkeit – sie ist erregend, man spürt seinen Körper. Kameradschaft mit anderen, die den eigenen Haß teilen, kann zumindest

ein Gefühl von Zusammengehörig-
keit schaffen. Gemeinsamer Haß
kann ein rauschhaftes Gefühl geben.

»Du bekommst ein ungeheures
Gefühl von Macht, wenn eine große Gruppe von uns die Straße
runterrennt. Niemand wird es wagen, dich zu belästigen, dich anzu-
rühren, sogar die Polizei hat Respekt vor uns. Außerdem verschafft
es dir eine höllische Aufmerksamkeit«. So drückt das Mitglied einer
Gruppe von Skinheads seine Gefühle bei einer gemeinschaftlichen
Aktion aus. Ähnlich werden sich
auch die jungen Männer bei der
Randale von Rostock gefühlt haben: Endlich Macht spüren, anderen Angst und Schrecken einjagen.

Die Gewalttätigkeit von Skins
und Rechtsradikalen ist – psychisch gesehen – ein verzweifelter
Versuch wieder heil zu werden,
nicht mehr Opfer von Gleichgültigkeit und Grausamkeit zu sein, sondern selbst Macht über Menschen,
Umwelt und Gesellschaft zu erlan-
gen. Dieser »Selbstheilungsversuch«
hat für alle Beteiligten katastrophale
Folgen. Gewalt und Brutalität werden zum Wiederholungszwang.

DAS ÄRGERNIS
Wendet euch
nicht ab
sondern schauet
ihr braven Bürger
den jungen Neonazis
die in eurem Staat
von neuem den Glauben
an den alten Irrsinn
gelernt haben
tief in die Augen.

Ihr schauet nicht
genau genug hin
wenn ihr in diesen blauen
oder braunen
oder auch grauen Augen
nicht
einen Augenblick lang
euer eigenes
Spiegelbild seht.
ERICH FRIED

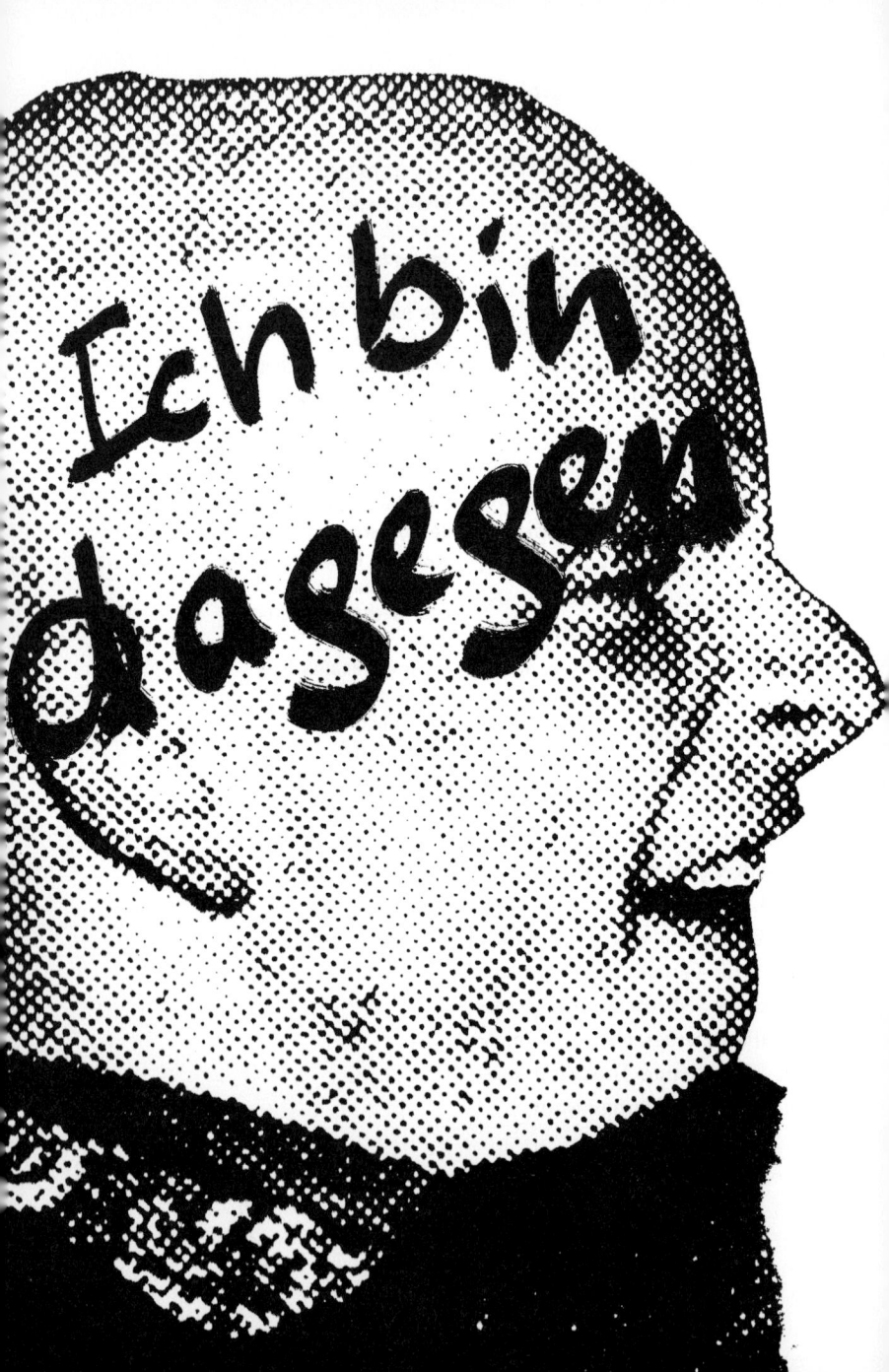

DIE MACHT DER GRUPPE

Überall auf der Welt gibt es Jugendgruppen. Es ist eigentlich ein ganz normales Verhalten, wenn Menschen zwischen 14 und 20 gemeinsam mit Gleichaltrigen den Weg vom Elternhaus in ein eigenes Leben suchen. Ist das Verhältnis zwischen den Jugendlichen und den Eltern einigermaßen in Ordnung, so orientieren sie sich sowohl an den Eltern als an der Gruppe von Gleichaltrigen. Viele Jugendliche aber brechen in diesem Alter den Kontakt zu ihren Eltern ganz ab, weil sie zu sehr gelitten haben. Die Gruppe der Gleichaltrigen wird dann zum Elternersatz und zur Heimat.

Wenn nun ein junger Mann, der von einem gewalttätigen Vater, einer lieblosen Umgebung vorgeschädigt ist, den Anschluß an eine Gruppe sucht, so besteht die Gefahr, daß er sich eine gewalttätige Gruppe aussucht. Dabei wiederholt er im Grunde seine Erfahrungen als Kind. In vielen Skinhead-Gruppen oder bei Rechtsradikalen wird totale Unterordnung gefordert, es gibt brutale Strafen und Demütigungen. Wer eine andere Meinung hat, der wird schnell zum Außenseiter, ja zum Feind und wird als »Verräter« von der Gruppe ausgeschlossen. Skins und Rechte werden außerdem von anderen Jugendgruppen gefürchtet und verachtet. Feinde finden sie deshalb überall und das stärkt ihren Zusammenhalt.

DIE FEINDE, DAS SIND DIE ANDEREN

Wer seine Gefühle stets unterdrücken mußte, wer leer und ohne Hoffnung ist, der findet leicht Feinde. Dabei ist es noch ziemlich gut nachzuvollziehen, warum sich Skins und Rechte mit linken Jugendlichen und Autonomen prügeln. Das ist eine offene Gegnerschaft, die von beiden Seiten ausgeht. Warum aber eine Gruppe von zehn Jugendlichen über einen Obdachlosen herfällt und ihn totschlägt, warum Ausländer angegriffen werden, Frauen und Kinder zu Opfern werden, das können viele Menschen nicht verstehen. Vielleicht ist das aber nur ein Mangel an Phantasie oder ein mangelndes Wissen um die eigenen seelischen Untiefen.

Obdachlose, Treber, Penner – sie stehen bei uns am untersten Rand der Gesellschaft. Ausgeschlossene ohne Chance auf Rückkehr, Obdachlose werden ganz allgemein verachtet, als störend empfunden. Sie gehören in der allgemeinen Bewertung zu den »Schmarotzern«, die sich auf Kosten der Sozialhilfe, also auf Kosten von uns allen, öffentlich besaufen, überall Dreck machen, die Sauberkeit unserer Leistungsgesellschaft stören. Eigentlich sind die meisten Bundesbürger der Meinung, daß Penner aus dem Straßenbild verschwinden sollten, daß man sie von Plätzen und aus U-Bahnstationen verjagen muß.

Auch hinter dieser allgemeinen Verachtung stehen Angst und Haß. Die Obdachlosen erinnern uns daran, daß man aus dieser Gesellschaft herausfallen kann, wenn man nicht funktioniert. Sie zeigen, daß es Armut und völlige Verlorenheit gibt. Das erzeugt Angst und Haß gleichzeitig. Denn für Schwäche und Versagen wurden nahezu alle Menschen in diesem Land einmal von Eltern, Lehrern usw. bestraft und verachtet. Haß auf eigene verdrängte oder abgespaltene Persönlichkeitsanteile nennt man das in der Psychologie. Wenn der Haß besonders groß ist und keine Hemmschwelle mehr da ist, wie bei manchen gewalttätigen Gruppen, dann wird tatsächlich so ein armer Mensch umgebracht, der an den eigenen Schmerz, die eigene innere Panik erinnert. Der eigene innere »Dreck« wird damit beseitigt, der eigene »Abschaum« eliminiert.

Gleichzeitig haben diese »Vollstrecker« das Gefühl im Recht, ja »gut« zu sein. Sie fühlen sich als Retter der Sauberkeit im Namen aller. Dabei unterläuft ihnen jedoch ein verhängnisvoller Irrtum, denn diese Art von grausamer Gewalt wird in unserer Gesellschaft mit weiterer Ausgrenzung bestraft. Mögen auch manche klammheimlich froh sein, wenn die Skins die »Dreckarbeit« leisten.

▚ TÜRKENSCHWEINE UND ANDERES UNGEZIEFER

Obdachlose sind keine Ausländer, haben auch keine andere Hautfarbe – sie sind nur anders. Anders sind aber auch Menschen anderer Hautfarbe, Menschen aus anderen Ländern. Die Geschichte des Rassismus ist schon mehrere hundert Jahre alt und auch heute noch sehr lebendig. Häufig unbewußt, haben die meisten Menschen in Europa von einer Generation zur anderen ihre Vorurteile weitergegeben. Dabei wurden jedoch viele Unterschiede gemacht. Die Ablehnung und Verachtung trifft beileibe nicht alle Ausländer. Amerikaner, Japaner, Australier, Franzosen sind heute durchaus geachtet. Zwar macht man sich allgemein über die vermuteten Eigenheiten dieser Menschen lustig, doch sie werden letztlich als unseresgleichen betrachtet.

Bei Menschen schwarzer Hautfarbe ist das ganz anders – selbst wenn sie US-Amerikaner sind. Schwarze Menschen werden von fast allen Weißen mit Mißtrauen betrachtet oder sogar verachtet. Da ist auf der einen Seite das historische Vorurteil von der überlegenen »weißen Rasse« und die tiefsitzende Überzeugung, daß Afrikaner dumm, faul und verschlagen sind. Doch wurde bei tiefenpsychologischen Forschungen noch etwas herausgefunden. Die Lebensfreude afrikanischer Menschen beunruhigt Europäer, die in einer autoritären Gesellschaft aufgewachsen sind. Bei Afrikanern oder Menschen schwarzer Hautfarbe vermuten Europäer und weiße Amerikaner Eigenschaften, die sie selbst gern hätten und nie entwickeln durften. Eine gewisse Lässigkeit in Bezug auf Zuverlässigkeit und Pünktlichkeit, größere Nähe zu den eigenen Gefühlen und – was besonders bedrohlich vor allem für Männer ist: eine enorme sexuelle Potenz. Auch diese Vermutungen sind Vorurteile – bewußte und unbewußte. Wenn schwarze Menschen sich erlauben, was man selbst nie durfte, so macht das Angst, die abgewehrt werden muß. Vor der Angst aber sitzt noch der Schmerz, daß man selbst nicht unpünktlich und einfach lebensfroh sein durfte, daß man seine Gefühle verleugnete und die eigene Sexualität nicht frei erleben durfte. Es entsteht eine vertrackte und komplizierte Mischung aus Haß und Angst, aus Neid und Verachtung. In der Psychologie werden all die ungelebten und unbewußten Anteile der eigenen Psyche als »Schattenselbst« bezeichnet. Wer sich nie seines eigenen Schattens bewußt wurde, schlägt auf ihn ein, wenn er in anderen Menschen auftaucht. Schwarze Menschen, denen seit Urzeiten alles erdenkliche angedichtet wurde, eignen sich besonders gut als Projektionswand für solche Schatten des eigenen Wesens und des Selbsthasses.

Auch Südeuropäer, vor allem Türken und die Menschen aus arabischen Ländern werden mit allen möglichen Vorurteilen besetzt. Sie haben ebenfalls äußerliche Merkmale, an denen sie zu erkennen sind und sich von anderen unterscheiden – meist dunkle Haare, etwas getönte Haut. Türkische Männer gelten als »Machos« und geben sich meist auch betont männlich. »Sie machen unsere Frauen an!« wird ihnen vorgeworfen. Türkische Familien setzen sich einfach auf den Rasen der öffentlichen Parks oder sogar in die Vorgärten von Wohnblocks und veranstalten Picknicks. Türkische Familien sind laut – es wird laut geschimpft, laut gestritten und laut gelacht. All das »gehört sich« eigentlich nicht in Deutschland, doch eigentlich möchte man es gern tun. Auch diese sogenannten »Freiheiten«, die eigentlich selbstverständlich sein könnten, lösen Haß und Aggression aus. Dahinter aber verbergen sich Schmerz und Wut darüber, daß man sich selbst diese Freiheit nie nehmen durfte. In Italien kann man sich vielleicht noch über Menschen amüsieren, die lautstark auf der Straße diskutieren, wild mit den Armen fuchteln, denn dort macht man Urlaub von den eigenen Zwängen. Wenn diese Diskussion jedoch im eigenen Hinterhof in München oder Stuttgart stattfindet, dann holen manche Leute sogar die Polizei.

Besonders in Deutschland gibt es eine lange Tradition von Geboten, wie »Ruhe, Ordnung und Sauberkeit«. Die Unbefangenheit anderer wird schnell als Bedrohung dieser »Werte« empfunden. All diese unterschwelligen feindlichen Stimmungen in einem Land werden von Jugendlichen höchst sensibel aufgenommen und von den Radikalen und Gewalttätigen unter ihnen in Aktion umgesetzt. Gewalttätige Ausschreitungen gegen Menschen sind deshalb immer eine Mischung aus persönlichen Katastrophen und Ausdruck der Befindlichkeit einer ganzen Gesellschaft.

▩ VON DER REINHEIT UND DER NATION

Zur Befindlichkeit einer Gesellschaft gehören auch unklare Phantasien von sogenannten positiven Werten. Eine dieser Phantasien ist die Vorstellung von der »Reinheit der Rasse« oder des Volkes. Psychoanalytiker leiten diese Reinheitsphantasie von ganz frühen Entwicklungsschritten jedes

Menschen ab. Als ganz kleines Kind erleben wir uns fast ausschließlich als unversehrte Körperlichkeit. Wie Narziß in der griechischen Sage sind wir selbstverliebt und heil. Die Auseinandersetzung mit der Umwelt zeigt bald die Grenzen dieser Unversehrtheit. Wir essen, nehmen also Dinge von außen auf. Wir machen uns schmutzig und werden dafür geschimpft und wir produzieren selbst Ausscheidungen, die von den anderen, den Eltern z. B. als etwas Ekelhaftes bezeichnet werden. Kleine Kinder aber beschäftigen sich lange mit der Frage, ob ihre Ausscheidungen noch ein Teil ihrer selbst sind oder nicht. Eine strenge Sauberkeitserziehung führt dazu, daß Kinder einen wichtigen Teil von sich selbst und von anderen als verabscheuungswürdigen Dreck empfinden. Die Reinheit des eigenen Körpers ist damit zerstört und der unbefangene Kontakt zu anderen ebenfalls. Alle Körperöffnungen

EDMOND JABES:
Wissen Sie, das Problem der Fremdheit, des Fremden habe ich immer von Grund auf gelebt. Ich fühle mich überall als Fremder. Als ob ich aus einem Ort käme, den ich nicht definieren kann. Vom anderen Ende eines Eingedenkens her. Ich glaube, ich sollte erst einmal präzisieren, was für mich »der Fremde« ist. Wenn man sagt, das ist ein Fremder, so denkt man an einen, der aus einem anderen Land kommt und diesem Land angehört. Für mich ist das nicht so, Fremde, das sind wir selbst. Aber wir alle haben Angst vor dem Fremdsein, das unser Anderssein ausmacht. Anderssein heißt nicht, für den nächsten ein ganz anderer sein. Im Gegenteil. Ich glaube, die tiefsten Beziehungen entstehen zwischen zwei Personen, die ihr Anderssein akzeptieren. Wenn es diese Differenz nicht gibt, gibt es keinen wahren Dialog.

werden leicht zu Quellen des Ekels – es gibt Rotz, Speichel, Muttermilch, Sperma, Blut usw. Das alles ist übrigens häufig Inhalt von Witzen, mit denen man die innere Verletztheit übertünchen möchte.

Wer sich so beschmutzt durch das Leben und die anderen fühlt, der möchte natürlich wieder rein und unversehrt sein. Der schöne Jüngling Narziß in der griechischen Sage löste das Problem ganz einfach. Er läßt sich gar nicht erst mit anderen ein, sondern liebt nur sich selbst – sein eigenes Spiegelbild im Wasser. Geradezu entsetzt weist er die Liebe der Nymphe Echo zurück.

Im 20. Jahrhundert sind die griechischen Sagen fern, doch ihr symbolischer Gehalt ist noch immer gültig. Auch wir versuchen rein und heil zu werden – indem wir uns z. B. besser fühlen als andere, schöner, indem wir Schmutz und Dreck von uns fern halten. Alles soll sauber sein, die Wohnung, die Stadt, das ganze Land, das Volk, die »Rasse« und der Staat. Menschen, die anders aussehen und sich anders benehmen werden deshalb ganz schnell zu »Dreck«, zu einer Verletzung für das »reine Volk«. Da will etwas durch die Körperöffnungen des Volkes kriechen, das nicht hineingehört, das wieder die alte Angst vor dem Draußen und Unheilen wach ruft. Das Fremde soll verschwinden, denn es erinnert an das Fremde in uns selbst.

Aus der Reinheitsidee stammt auch die Vorstellung der reinen Nation. Was ist denn eigentlich eine Nation? Auf der Landkarte zunächst nichts als ein bunter Fleck mit Linien drum herum. Innerhalb dieser Linien aber leben Menschen – die Bevölkerung oder »das Volk«. Dieses Volk besteht aus vielen verschiedenen Gruppen und Klassen, ja es gibt sogar Gruppen, die eine andere Sprache sprechen als die offizielle Landessprache. Wenn trotzdem immer wieder von der »Reinheit des Volkes« gesprochen wird, die es gegen andere zu verteidigen gilt, so kann das eindeutig in den Bereich der Phantasie und Illusion verwiesen werden.

Reinheitsgedanken tauchen immer dann verstärkt auf, wenn eine Gesellschaft sich innerlich bedroht und unsicher fühlt, wenn sich die Welt verändert, wenn das eigene Heil- und Reinsein tiefer erschüttert wird als in ruhigen Zeiten. Wenn z. B. die Wirtschaft nicht

CARL ZUCKMAYER,
»Des Teufels General«:
»Und jetzt stellen Sie Sich doch mal Ihre Ahnenreihe vor – seit Christi Geburt. Da war ein römischer Feldhauptmann, ein schwarzer Kerl, braun wie 'ne reife Olive, der hat einem blonden Mädchen Latein beigebracht. Und dann kam ein jüdischer Gewürzhändler in die Familie, das war ein ernster Mensch, der ist noch vor der Heirat Christ geworden und hat die katholische Haustradition begründet. Und dann kam ein griechischer Arzt dazu oder ein keltischer Legionär, ein Graubündener Landsknecht, ein schwedischer Reiter, ein Soldat Napoleons, ein desertierter Kosak, ein Schwarzwälder Flößer, ein wandernder Müllersbursch aus dem Elsaß, ein dicker Schiffer aus Holland, ein Magyar, ein Pandur, ein Offizier aus Wien, ein französischer Schauspieler, ein böhmischer Musikant – das alles hat am Rhein gelebt, gerauft, gesoffen und gesungen und Kinder gezeugt. – Und der Goethe, der kam aus demselben Topf und der Beethoven und der Gutenberg und der Mathias Grünewald auch – ach was, schau im Lexikon nach. Es waren die Besten, mein Lieber! Die Besten der Welt! Und warum? Weil sich die Völker dort vermischt haben. Vermischt – wie die Wasser aus Quellen und Bächen und Flüssen, damit sie zu einem großen, lebendigen Strom zusammengerinnen.

mehr so gut funktioniert, wenn es mehr Arbeitslose gibt, wenn die eigene Nation durch den europäischen Zusammenschluß bedroht erscheint, also Ängste wach werden, daß man verschluckt werden könnte. Die Nation, diese unklare Masse, soll dann die äußere Unversehrtheit wiederherstellen. Sie wird gegen Verunreinigungen durch Fremde verteidigt. Viele Politiker greifen die Ängste der Menschen ähnlich sensibel auf, wie Jugendliche. Doch während diese blind rebellieren, benutzen »Volksführer« diese Ängste um Menschen zu manipulieren. Hitler und Stalin gehören zu den schlimmsten Beispielen in der Geschichte unseres Jahrhunderts.

▩ VON DER »REINHEIT DES BLUTES UND DER RASSE«

Rein zu sein und sich vom Schmutz der anderen zu reinigen, das war vom Standpunkt der Psychologie her der Kernpunkt der Nazi-Ideologie. Auch bei ihnen drehte sich alles um die Reinheit. Hitler ging es um die »Höherzüchtung der germanischen Rasse und um ihren Schutz vor Rassenvermischung«. Der blonde und blauäugige Recke, der »reine Arier« war das Ziel dieser Auslese. Nun besteht zwar der größte Teil der deutschen Bevölkerung vor allem aus weniger großen, braun- oder dunkelhaarigen Menschen, doch das störte keineswegs, denn es ging ja nicht um Realität, sondern um eine ideale Vorstellung. Hitler selbst entsprach ja keineswegs dem Bild des »edlen und höheren Wesens«, das er den Deutschen in die Köpfe pflanzte. Die »Rassentheorie« der Nazis ist eines der krassesten Beispiele dafür, wie mit Hilfe einer Erfindung – des Ariers – die eigenen Minderwertigkeitsgefühle, ein Gefühl von Beschmutztheit, von Erbärmlichkeit durch Reinheitswahn geheilt werden sollte. Der Psychoanalytiker Wilhelm Reich faßt diese Wahnideen so zusammen:

»Nach Hitler ist die Menschheit einzuteilen in kulturbegründende, kulturtragende und kulturzerstörende Rassen. Als Kulturgründer käme nur der Arier in Betracht, denn von ihm stammen die ›Fundamente und Mauern der menschlichen Schöpfungen‹ (Hitler meinte damit die Griechen, Anm. d. Verf.) Die asiatischen Völkerschaften, wie etwa die Japaner und die Chinesen, hätten als Kulturträger nur arische Kulturen übernommen und in eigene Formen gebracht. Die Juden dagegen wären

ADOLF HITLER:

»Für was wir zu kämpfen haben ist die Sicherung des Bestehens und der Vermehrung unserer Rasse und unseres Volkes, die Ernährung seiner Kinder und Reinhaltung des Blutes, die Freiheit und Unabhängigkeit des Vaterlandes, auf daß unser Volk zur Erfüllung der auch ihm vom Schöpfer des Universums zugewiesenen Mission heranzureifen vermag.«
»Mein Kampf«, S. 234

eine kulturzerstörende Rasse. Für die Bildung hoher Kultur sei das Vorhandensein ›niederer Menschen‹ erste Voraussetzung. Die erste Kultur der Menschen hätte auf dieser Verwendung niederer Menschenrassen gefußt. Zuerst hätte der Besiegte und erst viel später das Pferd den Pflug gezogen. Der Arier hätte sich als Eroberer die niederen Massen und dann deren Tätigkeit unter seinem Befehl, nach seinem Wollen und für seine Ziele geregelt. Sobald sich aber die Unterworfenen die Sprache und Eigenart der ›Herren‹ anzueignen begannen und die scharfe Schranke zwischen Herren und Knecht fiel, gab der Arier die Reinheit seines Blutes auf und verlor dafür ›den Aufenthalt im Paradies‹. Dadurch verlor er auch seine kulturelle Fähigkeit. – Wir vergessen keinen Augenblick, daß Hitler die Blüte der Kultur repräsentiert«.

Aus dieser wahnhaften Geschichtsbetrachtung leitet Hitler dann auch seinen Anspruch auf die Weltherrschaft ab. Wenn die Arier die einzige kulturbegründende Rasse sind, dann durften sie ja auch aufgrund ihrer göttlichen Berufung als Herren der Welt auftreten.

DAS · IST · DAS
WOHLBEKANNTE CONZ.(LAGER)BELSEN BERGEN
Befreit Von Der Zweiten Britischen Armee Den 15.april 1945.

10.000 UNBEGRABENE LEICHEN WURDEN HIER GEFUNDEN,
ANDERE 13.000 SIND SEITDEM GESTORBEN
ALS OPFER DER NEUEN DEUTSCHEN ORDNUNG
IN EUROPA UND ALS BEISPIEL
DER NAZI KULTUR.

Argumente gegen diese Rassentheorie der Nazis sind leicht zu finden, denn es ist eigentlich alles falsch an ihr. Doch mit Argumenten wird man keinen Anhänger solch einer Theorie umstimmen oder gar überzeugen können. Das hat einen einfachen Grund: Es geht dabei nicht um Argumente oder so etwas wie Wahrheit, es geht um die Schaffung eines Überlegenheitsgefühls, um das Zudecken von Minderwertigkeitsgefühlen und Haß. Wer einer »höheren Rasse« angehört, der kann sich stolz, rein und groß fühlen. Er wird schon durch seine Zugehörigkeit zu dieser Rasse zum höheren Wesen. Und er hat damit die Macht über Leben und Tod – vor allem über den Tod, wie sich bei den Nazis, wie bei allen Rassisten, schnell zeigte. Nur Angehörige der eigenen Rasse sind dann noch Menschen. Angehörige »minderwertiger Rassen« kann man ausscheiden und massenhaft töten, denn sie sind keine wirklichen Menschen, sondern Feinde, die »kulturzerstörend die Reinheit des Blutes« gefährden. Auch die eigene »Rasse« kann dann nach Mißgebildeten, Behinderten, geistig und seelisch Kranken durchforstet werden – auch sie gehören nicht zu einem »reinen Blut«. Der Haß hat damit seine absolute Herrschaft angetreten.

■ AUSSPUCKEN ODER AUFFRESSEN?

Um mit dem Fremden, Unreinen fertig zu werden, gibt es verschiedene Strategien. Man kann es ausspucken, wegwerfen oder ganz vernichten, so wie die Nazis es mit den Juden und Sinti/Roma gemacht haben. Man kann es aber auch auffressen und sich sozusagen einverleiben, denn auch dann wird es wieder zum eigenen und ist weniger bedrohlich.

Während bei den Nazis von der »Reinheit des Blutes« die Rede war, die von den Juden bedroht wurde, wird heute offiziell von einer »Bedrohung der deutschen Kultur« gesprochen. Ein Artikel in der Tageszeitung »Die Welt« zeigt das sehr klar. Es ist dabei von Asylsuchenden aus Krisengebieten die Rede: »Diesem Typ des Chaos-Flüchtlings... gilt es verstärkte Aufmerksamkeit zu schenken. Denn er flüchtet nicht nur vor dem Chaos, er bringt es willentlich oder nicht, hierher mit. Viele Chaos-Asylanten verfügen gar nicht mehr über Erfahrungen eines geordneten Gemeinwesens oder gar einen geschlossenen Kulturkreis. So reizvoll auch die Vorstellung einer sich selbst befruchteten Multikultur sein kann, hier ist der Begriff absurd. Hier kommen Menschen mit den Trümmern einer zerbrochenen Welt im Kopf – und tauchen hier wieder in eine höchst fragwürdige Subkultur ein, die – Ausnahmen bestätigen auch hier die Regel – entweder in Apathie und lebenslange Fremdheit oder in die Kriminalität weist«. Man will diese »Chaos-Flüchtlinge« nicht, denn sie könnten ansteckend sein, das Chaos und die zerbrochenen Welten im eigenen Land sichtbar machen. Sie sind eine Bedrohung der offensichtlich nur mühsam aufrechterhaltenen Ordnung. Man kann ihrem Leid nicht mit Liebe und Offenheit begegnen, sondern muß es von sich fern halten sie Pest und Cholera. »Ausländer raus« ist dann eine Parole der Radikalen, die solche »intellektuellen« Überlegungen wie die oben zitierten, auf eine ganz klare und schlichte Formel bringt.

Es gibt aber auch eine andere Lösungsmöglichkeit, nämlich die Fremden und Bedrohlichen »aufzufressen«. Dahinter steht die Vorstellung, daß man das Andersartige sich selbst und dem erweiterten Körper, der Nation, einverleiben kann und damit vernichtet und ungefährlich macht. Natürlich wird damit keine reale Menschenfresserei betrieben, doch im übertragenen Sinn werden die Fremden durchaus verschluckt. Sehr klar hat diese Absicht Bruno Megret ausgedrückt, einer der führenden Männer der rechtsradikalen französischen Partei »Front National«. Megret unterscheidet in seiner Stellungnahme sehr genau zwischen Assimilierung (Einverleibung) und Integration (Zusammenleben bei gleichzeitiger

Eigenständigkeit). Er sagt: »Integration ist ein doppeldeutiges Wort, früher sagte man dazu Assimilierung, und was das bedeutet, ist klar: Sich zu assimilieren heißt, Franzose zu werden, den alten Namen abzulegen, vielleicht eine französische Frau zu heiraten, die Kinder französisch zu erziehen. Sich zu integrieren heißt, in Harmonie mit den Franzosen zu leben, aber nicht so zu sein wie die Franzosen. Wir sind gegen die Integrationspolitik«.

Das Streben nach Reinheit trägt in sich auch den uralten Kinderwunsch nach Verschmelzung und Allmacht, der alle Unterschiede leugnet: Die Rückkehr zur ganz frühen Mutter-Kind-Beziehung. Regression heißt das in der psychoanalytischen Fachsprache. Verliebte z. B. leben häufig in einem Zustand der Regression – sie wollen mit ihren Partnern verschmelzen, fühlen sich wie eine Person, sind stets einer Meinung usw. Konflikte treten meist erst dann auf, wenn einer der Partner sich abgrenzt und deutlich zeigt, daß er oder sie anders ist. Reife und selbstsichere Menschen können dieses Anderssein als Bereicherung erleben. Unsichere Menschen aber – und wer ist schon ganz seiner selbst sicher – fühlen sich dadurch in Frage gestellt. Sie bekämpfen das Andersartige im Partner und im Fremden, weil ihre eigenen, oft unbewußten Vorstellungen von Einheit und Unversehrtheit gesichert werden müssen.

DAS KOPFTUCH ALS FEIND

Es gibt dafür ein Beispiel aus Frankreich, das durch alle Zeitungen gegangen ist: den Kopftuchstreit. Islamische Mädchen tragen häufig Kopftücher – das ist Ausdruck ihrer religiösen und kulturellen Tradition. Französische Eltern und auch Schüler/innen fühlen sich dadurch provoziert. Sie konnten es nicht ertragen, daß diese Mädchen anders aussahen und sich durch das Tragen der Kopftücher deutlich von ihren Mitschülerinnen abgrenzten. Hinzu kommt, daß es in Frankreich eine lange Tradition der Trennung von Kirche und Staat gibt. Glaube gilt als Privatsache und soll, zumindest in staatlichen Institutionen nicht nach außen gezeigt werden. Es wurde tatsächlich eine Verordnung erlassen, die den islamischen Mädchen das Tragen der Kopftücher verbot. Sie traten daraufhin in einen Schulstreik und organisierten gemeinsam mit ihren Eltern Protestaktionen. Das Kopftuch war für diese Menschen ein Teil ihrer Identität und sie empfanden sehr deutlich, daß diese mit dem Verbot ausgelöscht werden sollte. Der Streit zog sich monatelang hin. Trotz des Widerstands rechtsradikaler Politiker setzte sich in diesem Fall die Toleranz durch. Die Mädchen dürfen heute wieder ihre Kopftücher tragen. Das Grundproblem ist damit allerdings noch lange nicht gelöst.

▨ NICHT SCHULDIG!

Es gibt einen tiefen Schatten im Bewußtsein nahezu aller Deutschen – die verdrängte, ja abgespaltene Schuld und die nie zugelassene Trauer über die Verbrechen, die im Dritten Reich begangen wurden. Für die heute Jungen ist das zwar alles bereits Geschichte und hat vordergründig nichts mit ihnen zu tun. Doch das täuscht. So wie Haß weitergegeben wird, ziehen sich auch Schuld, Schweigen und mangelnde Trauer durch das Leben der Generationen. Die Vergangenheit ist nicht greifbar und trotzdem gegenwärtig. Zwar wurde und wird offiziell immer wieder an das Dritte Reich erinnert – Politiker aller Parteien, Gewerkschafter, Künstler, Geistliche, Lehrer usw. erklären, daß die Verbrechen der Nazis grauenvoll waren, bekunden den Opfern ihr Mitgefühl, legen Kränze an Mahnmalen nieder. Das alles hat aber noch nichts mit dem Gefühl von wirklicher Trauer zu tun. Es gab zwar Deutsche, die über die Millionen ermordeter Juden, Sinti und Andersdenkender getrauert haben, doch das war sicher nicht die Mehrheit.

Die Mehrheit der Männer und Frauen, die während des Dritten Reiches gelebt haben, gingen nach dem Zweiten Weltkrieg so schnell es ging zu einem ganz normalen Leben über. Sie schwiegen über das Grauen, das sie erlebt und zum Teil mitverursacht hatten. Sie schwiegen, wenn ihre Kinder zu fragen begannen, weil sie in der Schule von Massenmorden an Juden, von KZs und anderen Greueln erfahren hatten.

Ich erinnere mich z. B. noch genau, wie entsetzt und empört ich als Jugendliche zu Beginn der 60er Jahre den Gedanken einer deutschen Kollektivschuld von mir wies. Eine gemeinsame Schuld aller Deutschen konnte, ja durfte es nicht geben. Mein Vater hatte mit Sicherheit nichts mit den Nazis zu tun. Doch auf meine Fragen antwortete er nicht und erst nach seinem Tod – ich war damals gerade 18 – erzählten mir Verwandte, daß er Mitglied der NSDAP war – und noch schlimmer, ein überzeugtes Mitglied.

Die Folgen für mich waren ziemlich schlimm. Ich litt regelrecht darunter, eine Deutsche zu sein. Auf unerklärliche Weise fühlte ich mich

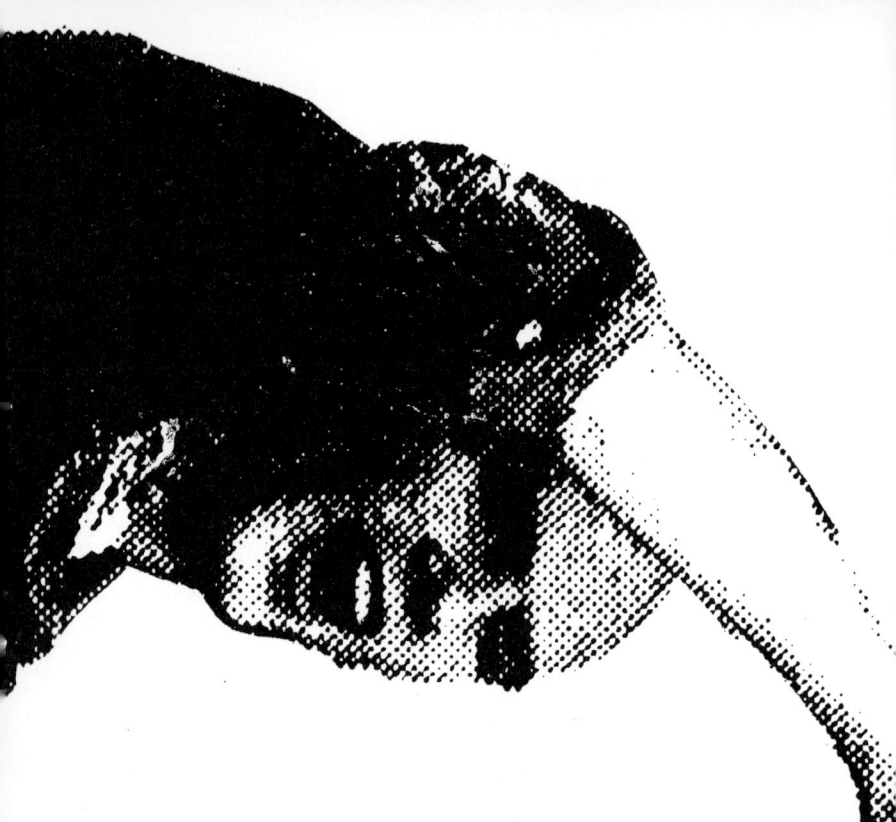

schuldig und wollte gleichzeitig mit aller Kraft nicht schuldig sein. Ich fühlte mich schuldig für meinen Vater. Wenn er mit mir über seine Situation als junger Mensch zu Beginn der Nazi-Herrschaft gesprochen hätte, wenn er seine Trauer, seinen Schmerz und seine Scham, die er wohl empfunden und in sich begraben hat, mit mir geteilt hätte, dann wäre es mir sicher leichter gefallen, mit all dem fertig zu werden.

Von Generation zu Generation weitergegebene Schuldgefühle, die verdrängt und abgewehrt werden, gibt es bis heute. Das Selbstbewußtsein der Deutschen ist durch die Massenmorde im Dritten Reich schwer beschädigt worden. Durch Schmerz und Trauer hätte ein neues Bewußtsein entstehen können – stattdessen wird heute sehr abstrakt vom Holocaust gesprochen, wenn es um Judenvernichtung geht. Holocaust, das klingt wie eine Naturkatastrophe, wie Hurrican z. B. Auch mit diesem fernen Wort kann man Betroffenheit und Schmerz vermeiden.

Heute gibt es nicht mehr viele Juden in Deutschland und doch sind sie wieder Ziel des »Rassenhasses«. Jüdische Friedhöfe werden von Jugendlichen zerstört und mit Hakenkreuzen besudelt. Jüdische Mitbürger haben wieder Angst vor den Angriffen Rechtsradikaler, bekommen Drohbriefe und anonyme Anrufe. Auch bei diesen Aktionen kommt Haß zum Ausdruck, Haß auf verletzte »Reinheit« der Deutschen. Die Juden erinnern an diese Beschmutzung, an die Massenmorde der Vergangenheit. Sie, die Opfer, werden nun zu den Schuldigen gemacht. Die Juden sind es, die an die Schande erinnern und uns nicht in Ruhe lassen. Sie müssen verjagt und beleidigt werden. Die allgemeine und offizielle Empörung über Schändung von Friedhöfen, die »Scham« über solche Taten, von denen viele Politiker sprechen, täuscht darüber hinweg, daß es eine eitrige Wunde ist, in die junge Menschen gewalttätig hineinstoßen.

Auch Scham ist weit entfernt von Trauer, die nicht geleistet wurde. Die gewalttätigen Jungen drücken deutlich aus, was viele ältere Men-

ELLIS HUBER, Präsident der Berliner Ärztekammer:
»Die Krankheit zwischen den Menschen spiegelt sich wieder in der Krankheit zwischen den Völkern«.

schen hierzulande empfinden: Es soll endlich Schluß sein mit jeglicher Erinnerung an vergangene Greuel. Die Deutschen wollen wieder »gute«, »heile« Menschen sein – schließlich haben sie sich lange genug angestrengt, sind zu einer der reichsten Nationen der Welt geworden. Einige Junge nehmen deshalb auch gern Legenden und Lügen auf, die in den letzten Jahrzehnten entstanden sind. So erzählen viele ältere Menschen noch heute, daß sie nie etwas von KZs gehört hätten, damals. Rechtsradikale Politiker sprechen von der »Auschwitz-Lüge«, und manche junge Menschen übernehmen diese Argumentation. Es hätte z. B. nie sechs Millionen ermordete Juden gegeben, sondern allenfalls Hunderttausend. Hitler sei »gar nicht so schlecht gewesen«, sondern habe »nur Fehler gemacht«. Man dürfe sich nicht klein machen und ausbeuten lassen, nur weil man den Krieg verloren habe. Und die Juden und Ausländer »wollen nur unser Geld«, sie seien deshalb eine Bedrohung für die Deutschen, das Volk und die Nation. Junge Rechtsradikale wollen »die Nation« und auch sich selbst vor dieser Bedrohung retten.

▨ DIE RETTER DER NATION

Die meisten Kinder und Jugendlichen, doch auch erstaunlich viele Erwachsene haben sogenannte Rettungsphantasien. Wer ein schlechtes Selbstbewußtsein hat, sich schwach fühlt, möchte gern einmal wenigstens eine Heldentat vollbringen, von anderen bewundert werden. Es gibt kaum einen Jungen, der nicht gern ein Ritter wäre. Ritter sind stark. Sie besiegen Drachen und Feinde in großer Zahl, und sie retten die schöne Prinzessin, die reine, aus den Händen der Bösen. Meist bleiben solche Phantasien Tagträume über die niemand spricht. Nur im Geheimen sind Tagträumer/innen heldenhafte Lichtgestalten. Ritter sind zudem äußerst männlich, tragen Waffen und nehmen die Herausforderungen des Lebens unerschrocken an. Diese Phantasien geben Jugendlichen gleichzeitig ein Gefühl von Allmacht, das die eigene Ohnmacht und Unzulänglichkeit ausgleicht. Wächst das Selbstbewußtsein und die Selbständigkeit eines jungen Menschen, hat er Erfolgserlebnisse, so braucht er die Rettung- und Allmachtsphantasien immer seltener. Wenn aber Erfolgserlebnisse ausbleiben – zu Hause, in der Schule, bei Mädchen oder in der Ausbildung, so kann das dazu führen, daß auch im realen Leben Gruppen und Ideen gesucht werden, die den Phantasien ähneln. Bei einigen Skinheads und bei rechtsradikalen Gruppen sind es häufig Vorstellungen von der »Rettung der Nation«, vom Erbe verherrlichter Nazi-Führer, deren Niederlage gerächt werden muß. So entsteht eine Art Lebenssinn, die jugendlichen Retter-Ritter verwechseln Wirklichkeit und Phantasie. Gewalt gegen Schwache wird zur glanzvollen Heldentat.

LANGEWEILE UND LEERE

Minderwertigkeitsgefühle, fehlende Möglichkeiten sich selbst zu spüren und zu beweisen haben ihre Ursachen auch in unserer ganz normalen Art zu leben. Wir alle leben in einer Industriegesellschaft, die allermeisten von uns in großen Städten und kleinen Wohnungen. In kleinen Wohnungen kann man nicht viel tun – nicht nur Kinder leiden darunter. Es gibt z. B. keine Werkstatt, in der man basteln dürfte. Basteln, Schnitzen, Töpfern macht Dreck und viele Kinder dürfen eben keinen Dreck machen. Was bleibt also anderes als Fernsehen oder Computerspiele. Kinder erleben heute im Fernsehen die Abenteuer, die sie eigentlich selbst leben möchten. Fernsehfiguren bestehen Gefahren in der Natur, schließen Freundschaft mit Tieren oder seltsamen Menschen und vollbringen kleine und große Heldentaten. Wenn man dann den Fernseher wieder ausmacht, ist die eigene Wohnung ganz langweilig und man selbst ganz uninteressant. Nichts los eben! Viele Eltern haben außerdem kaum Zeit für ihre Kinder – entweder arbeiten sie oder kämpfen mit der Bewältigung des Haushaltes. Besonders alleinerziehende Eltern sind häufig überfordert. Sie müssen Geld verdienen, die Wohnung in Ordnung halten, kochen, waschen . . . Häufig sind sie voll Wut über den Partner oder die Partnerin, von der sie sich getrennt haben. Und sie sind außerdem unzufrieden und traurig darüber, daß sie nun allein mit den Kindern leben müssen, daß alles an ihnen »hängt«. Wenn Eltern sich scheiden lassen, dann bleibt nicht nur bei ihnen lange Zeit ein Gefühl der Leere zurück, sondern auch bei den Kindern.

Wie man es auch betrachtet – ein Stück Schutz ist verlorengegangen, eine tiefe Enttäuschung bleibt zurück. Das alles wird umso schlimmer, je weniger Eltern und Kinder über die Trennung sprechen, je weniger sie ihre Gefühle austauschen. Damit wird nicht genügend getrauert, Schmerz und Wut werden verdrängt. Wie ein unentwirrter Knoten bleiben sie jedoch in der Seele hängen, können gewalttätig machen, weil man endlich den Druck loshaben möchte.

Wenn Eltern gleichgültig sind und ihre Kinder nicht wahrnehmen, so verstärkt sich dieser Druck. Gleichgültigkeit kann genauso verletzend sein wie Prügel. Gleichgültigkeit erzeugt eine Gefühlsleere, die so schlimm werden kann, daß man sich selbst nicht mehr spüren kann. Wenn man aber mal richtig draufhaut, dann spürt man sich und den anderen. Man spürt den Körper, die Erregung, die Angst.

DRESSURPLATZ SCHULE

Viele ältere Menschen haben noch mit 40 oder 50 Jahren Alpträume, die aus ihrer Schulzeit stammen. Schweißgebadet erwachen sie so manche Nacht, weil sie wieder mal die Abschlußprüfung oder die Mathearbeit verpatzt haben, weil ein bestimmter Lehrer, den sie schon seit 30 Jahren nicht mehr gesehen haben, plötzlich drohend vor ihnen steht. Natürlich erleben nicht alle Kinder und Jugendlichen Schule als so heftige Quelle der

Angst, doch ein gewisses Maß an Bauchgrummeln wird jede und jeder zugeben. Das hat ganz bestimmte Ursachen, die jeder Mensch, der je eine normale Schule besucht hat, eigentlich ganz gut kennt: Vom ersten Schultag an wird etwas mit einem gemacht. Man muß lernen stundenlang still zu sitzen, man darf nicht mit dem Nachbarn reden, man muß spontane Gefühle unterdrücken. Wenn man das alles nicht schnell genug lernt, dann gibt es Strafen.

Noch vor wenigen Jahrzehnten wurden Kinder in der Schule geschlagen (in Großbritannien z. B. ist das heute noch erlaubt). Doch es gibt auch bei uns genügend Strafen, die klein machen und verletzen. Man muß in der Ecke stehen, wird zum Direktor geschickt, bekommt einen Verweis oder Strafarbeiten, muß nachsitzen. Das klingt zwar harmloser als die Prügelstrafe, doch wenn man strenge Eltern hat, dann können auch solche Maßnahmen für ein Kind zur Katastrophe werden. Die Strafe der Schule wird zu Hause häufig noch verschärft – durch Hausarrest z. B. oder sogar Schläge.

Nahezu jedes Kind bekommt in der Schule ziemlich schnell das Gefühl, daß es nicht in Ordnung ist. Entweder ist es zu dumm oder zu laut oder zu vorlaut oder es ist zu eigensinnig, zu langsam oder zu

schnell, zu unordentlich oder zu ängstlich. Eigentlich ergeht es Kindern so, wie es früher den Menschen in den Kolonien erging – sie werden behandelt wie »Wilde« oder »Unzivilisierte«. Selten werden sie angenommen und ernstgenommen so wie sie sind, sondern vielmehr wie eine Art Knetmasse behandelt, die eine ganz bestimmte Form bekommen soll. An vielen Schulen unterrichten Lehrer/innen, die sich bemühen anders mit Kindern umzugehen, aber auch sie haben einen Lehrplan, der ihnen vom Kultusministerium verordnet wird und den sie einhalten müssen. Doch es gibt auch schlechte Lehrer/innen, die es genießen Macht über Kinder zu haben, die Kinder vielleicht nicht einmal mögen. Kinder und Jugendliche leiden unter dem Gefühl der Ohnmacht, das sie in der Schule häufig bekommen. Sie leiden auch darunter, daß sie oft keine eigenen Vorschläge und Ideen einbringen können, weil der Unterricht von oben nach unten verläuft. Oben der Lehrer, der Mächtige, der alles besser weiß – unten die Schüler, die nichts wissen und ohnmächtig sind.

Wer einigermaßen gut ist und unterstützende Eltern im Hintergrund hat, kann diese Situation durchhalten. Wer aber nicht so schnell begreift, zu Hause Schwierigkeiten hat, kann ganz schnell großen Schaden nehmen.

Schule hängt nicht in der Luft, sie ist wie die Erziehung in der Familie ein Teil unseres Gesellschaftssystems. Und da wir in einer Leistungsgesellschaft leben, in der es heftige Konkurrenzkämpfe gibt, in der Ellenbogen erwünscht sind, überträgt sich diese Haltung natürlich auch auf Elternhaus und Schule. Wie sich das auf einen jungen Menschen auswirken kann, zeigt das folgende Beispiel:

Martin ist heute 16 und hat eine Lehrstelle bei einer großen Automobilfirma in Süddeutschland. Eigentlich könnte er zufrieden damit sein, denn er ist auf dem Weg zum Facharbeiter. Doch Martin ist unglücklich, fühlt sich als Versager, ist häufig krank. Er kann Ausländer nicht leiden. Sein Hobby ist Schießen. Eigentlich ist er ein netter, ruhiger Junge, doch bei Auseinandersetzungen auf der Straße kann er kräftig zuschlagen. Das allerdings wissen seine Eltern nicht. Seine Eltern wissen jedoch, daß er sich als Versager fühlt und sie sind ganz seiner

Meinung. Martin hätte nämlich aufs Gymnasium gehen und Abitur
machen sollen. Martin sollte etwas Besseres werden, doch er hat seine
Eltern und ihre Erwartungen enttäuscht. Seine Mutter ist Putzfrau, sein
Vater Hilfsarbeiter. Martin kam in der Grundschule einigermaßen mit.
Seine Mutter übte allerdings viel mit ihm, damit nur ja nichts schief-
gehen konnte. Wenn er sich weigerte, dann gab es schlimme Vorwürfe
oder Prügel. Nach der vierten Klasse kam Martin aufs Gymnasium. Nun
arbeitete seine Mutter jeden Abend mit ihm. Vor Schulbeginn weckte sie
ihn um fünf oder sechs Uhr morgens, um nochmal mit ihm zu lernen.
Martin konnte kaum noch durchatmen. In der Schule gab man ihm sehr

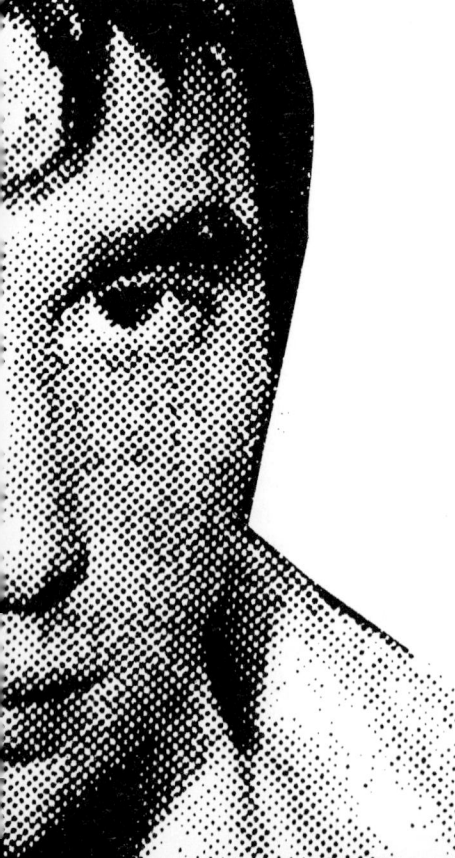

NORBERT ELIAS:
»Wenn die Gesellschaft den Menschen
der heranwachsenden Generation eine
kreative Sinnerfüllung versagt, dann
finden sie schließlich ihre Erfüllung in
der Zerstörung«.
in »Studien über die Deutschen« 1989

schnell zu verstehen, daß er nicht
genügend leistete, daß er ungeeignet
sei. Zu Hause wurde er als Dumm-
kopf und Versager beschimpft, weil
er schlechte Zensuren schrieb. Er
fand nirgendwo Unterstützung
oder Ermutigung. Nach einem hal-
ben Jahr mußte er auf die Hauptschule zurück. Seine ehemaligen
Mitschüler, die er nun wiedertraf,
verspotteten ihn. Doch seine Eltern
gaben nicht auf. Ein halbes Jahr
später schickten sie Martin auf die
Realschule. Doch auch diesmal
schaffte er es nicht und mußte
nach kurzer Zeit wieder in die
Hauptschule zurück. In den Augen
seiner Eltern war er von da an
nichts mehr wert. Martin machte
zwar seinen »Quali«, doch für ihn
und seine Umgebung bedeutete das
nicht viel. Hauptschulabschluß, das
hat keinen Wert, das führt nicht zu
gesellschaftlicher Anerkennung. Als
Hauptschüler stand Martin für seine Eltern auf der untersten Stufe.
Sie selbst hatten ebenfalls »nur« die
Hauptschule absolviert, hatten ein
äußerst schlechtes Selbstbewußtsein,
waren von ihren Eltern verachtet
worden. Lebenssinn bestand für sie
ausschließlich in gesellschaftlichem
Aufstieg und im Konsum.

Martin könnte das Glück haben,

in seiner Lehrzeit Anerkennung und Unterstützung zu finden. Die Verletzungen seines Selbstgefühls würden dadurch gemildert. Die alten Schmerzen über das mangelnde Verständnis, die mangelnde Liebe seiner Eltern aber wird er weiter als tiefe Wunde mit sich herumtragen. Er könnte freilich die eingeübte Rolle des Versagers auch weiterspielen, in der Lehrzeit versagen, die Lehre abbrechen, Anschluß an eine rechtsextreme Gruppe suchen oder sich in Drogen flüchten. Vielleicht sucht er Halt an einer »Führerpersönlichkeit«, die alles Unglück auf Ausländer, Linke oder sonstwen schiebt und die Lösung der Probleme in der Vernichtung der anderen sieht.

▨ DIE KRANKHEIT ALLER

Martins Geschichte ist nicht die eines gewalttätigen Skinheads. Sie ist eher alltäglich und fast harmlos. Trotzdem zeigt sie genau das frühe Scheitern eines jungen Menschen durch das Zusammenwirken von Familie, Schule und Gesellschaft. Ein Zusammenwirken, das zur Gewalttätigkeit und zur Anfälligkeit gegenüber Rassismus und Rechtsextremismus führen kann. Sie zeigt auch die Gewalttätigkeit der Gesellschaft, in der wir leben. Wer die geforderte Leistung nicht bringt, wird verachtet, wer nicht gehorsam erfüllt, was man von ihm oder ihr erwartet, wird bestraft, geschlagen, nicht geliebt. Es ist für jeden jungen Menschen schwierig, sich in der Welt zurechtzufinden, sich von der Familie zu lösen und eigene Meinungen, ein eigenes Leben zu suchen. Zur Zeit ist es besonders schwierig, denn die ganze Gesellschaft und eigentlich die gesamte Welt befinden sich in einer großen Umbruchsituation. Seit Ende des Zweiten Weltkriegs konzentrierten sich die Industriestaaten vor allem darauf, ihren Reichtum zu vermehren. Die höchsten Werte in den USA und Westeuropa sind viel Geld, Konsum und Macht. Wirtschaftliches Wachstum nahm eine gottähnliche Rolle an. Die Jagd nach Reichtum verläuft bis heute äußerst rücksichtslos. Die Natur, die Länder der Dritten Welt werden brutal ausgebeutet. Im Grund wurde die Erde in den letzten 50 Jahren nahezu zerstört. Die Industrialisierung brachte zwar in den westlichen Ländern Wohlstand für viele Menschen, doch sie überzog die Städte und das Land auch mit Häßlichkeit, mit Dreck und Gift.

In den letzten zehn Jahren geriet die Wirtschaft zunehmend in Schwierigkeiten. Allein in der Bundesrepublik Deutschland gibt es heute 3,5 Millionen Arbeitslose.

Das macht den meisten Menschen Angst, eine Angst, die durchaus verständlich ist. Es ist eine Angst, die auf all den bisher genannten Ängsten aufbaut. Von einem Betrieb, in dem man lange gearbeitet hat, ausgeschieden zu werden, das bedeutet für Menschen auch: nicht geliebt werden. Es ist die alte Wunde, die immer wieder aufgerissen wird. Wenn für junge Menschen nicht gut gesorgt wird, wenn sie keine sinnvolle Aufgabe bekommen und nicht von allen anderen willkommen geheißen werden, so bedeutet das ebenfalls: Nicht geliebt werden.

Wissenschaftler meinen, daß etwa 16 Prozent der Bevölkerung derart massiv geschädigt sind, daß sie gewalttätig gegen andere werden können. Das sind immer 16 von hundert. Diese große »Minderheit« aber zieht alle Aufmerksamkeit auf sich, weil sie mit Haß und Gewalt eine ganze Gesellschaft erschüttern kann. Bei den Krawallen von Rostock waren es nur wenige hundert Jugendliche, bei den Morden von Mölln sogar nur zwei.

▨ VOM ERFOLG DER FALSCHEN »FÜHRER«

»Es muß doch einen geben, der sagt, wo es lang geht. Die Leute sind doch zu blöd oder zu faul, um selbst zu entscheiden!« Diesen Satz hörte ich von einem Oberschüler in Südtirol, dem jüngsten Sohn einer angesehenen Großbauernfamilie. Ich fragte ihn daraufhin, ob er denn selbst auch zu blöd und zu faul sei, um eigene Entscheidungen zu treffen. Er zuckte die Schultern und nickte ein bißchen unentschlossen. Sein Vater war nach Aussagen eines anderen Bruders ein »harter Mann«, der seine Kinder geschlagen hätte – aber »immer gerecht«, und er selbst würde seine Kinder später auch schlagen, denn sonst würden sie nicht zwischen Recht und Unrecht unterscheiden lernen.

Betrachtet man die Aussagen dieser beiden jungen Männer, so zeigen sie ein erschreckendes Maß an Selbstverachtung und Verachtung gegenüber anderen Menschen. Die Härte und Lieblosigkeit des Vaters wird bei ihnen zur »Liebe« und Gerechtigkeit. Der Vater ist der Führer, der zeigt, wo es lang geht, seine Verachtung für Schwächere ist Liebe und Fürsorge. Das ist nur ein kleines Beispiel dafür, woher diese seltsame Sehnsucht nach den »falschen Führern« kommt. Wirkliche Liebe, Wärme und Fürsorge könnten solche Menschen kaum ertragen. Sie würden sie als Schwäche ansehen und, was noch schlimmer ist, sie würde den alten Schmerz, nicht wirklich geliebt worden zu sein, wieder aufleben lassen. Menschen, die nicht geliebt wurden, schützen sich vor Liebe, weil sie Liebe nicht ertragen können.

Der Psychoanalytiker Arno Gruen beschreibt das so:

»Wahre Liebe, auf Distanz gehalten, verhindert die unerträgliche Nähe des alten Schmerzes. Aber noch wichtiger ist ein anderes Phänomen solch einer Entwicklung. Das Wertlossein, das das Nichtgeliebt-Sein fördert, wird verteidigt, denn wertvoll sein bedeutet, daß man Liebe erwarten kann, und so gibt das Wertlos-Sein eine gewisse Sicherheit«.

Auch politische Führer sind häufig von ähnlichen Gefühlen und Gedanken beherrscht. Nur kommt bei ihnen ein heftiger Wille zur Macht dazu. Das ist nach Meinung

HERMANN-JOSEF ARENTZ, CDU-Abgeordneter im Düsseldorfer Landtag:
»Ich halte es für einen Skandal, daß Asylbewerber heute noch nicht einmal bereit sind, für Ordnung in ihren eigenen Unterkünften zu sorgen.«

PROF. KLAUS HORNUNG, CDU, Politikwissenschaftler, Uni Stuttgart-Hohenheim:
»So können die Deutschen zum dritten Mal in diesem Jahrhundert das ihrige dazu beitun, Europa zu ruinieren, dieses Mal durch ihre modische Wahnidee, hier das Sozialamt und das Krankenhaus für die ganze Welt zu errichten.«

KLAUS LANDOWSKY, CDU-Fraktionsvorsitzender in Berlin:
»Es kann nicht sein, daß ein Teil der Ausländer bettelnd, betrügend, ja auch messerstechend durch die Straßen ziehen, festgenommen werden und nur, weil sie das Wort Asyl rufen, dem Steuerzahler auf der Tasche liegen.«

PETER GAUWEILER, CSU, Bayerischer Umweltminister:
»Angesichts der jetzt schon beklagten Überfüllung stellt sich die Frage: Wie viele Menschen verträgt das Land? Das ist eine Frage der Physik und der Biologie und – wie wir heute wissen – auch der Ökologie.«

STEFFEN REICHE, Vorsitzender der SPD Brandenburg:
»Große Flüchtlingsströme aus dem Osten können der europäischen Kultur ein Ende setzen. Sie können für Europa gefährlicher werden als die Rote Armee in der Zeit des Kalten Krieges.«

HARTMUT SCHAUERTE, CDU-Vorsitzender von Olpe und NRW-Landtagsabgeordneter:
»Nur ganz wenige der Asylbewerber haben wirkliche Not. Sie probieren das Leben im Westen schlicht und ergreifend aus ... Sie gehen keiner Arbeit nach und kommen leider oft auf dumme Gedanken.«

HORST NIGGEMEIER, SPD-MdB und Bürgermeister von Datteln, Nordrhein-Westfalen:
»Viele Asylanten kommen aus Kultur- und Zivilisationskreisen, die uns völlig fremd sind. Die haben auch ein anderes Verhältnis zum Eigentum, als es die meisten der deutschen Eltern ihren Kindern beibringen.«

HEINRICH LUMMER, Berliner CDU-Politiker:
»Es scheint als unerträglicher Zustand, wenn für die Reinheit des Bieres und die Zusammensetzung von Mayonnaisen einheitliche Vorschriften mühsam ausgehandelt oder gar eingeklagt wurden, während auf diesem fundamentalen Gebiet des Asylrechts die Disharmonien größer geworden sind.«

der meisten Psychoanalytiker dann der Schritt ins Krankhafte, Psychopathische. Die Kontrolle anderer Menschen gibt solchen Machtmenschen ihre innere Sicherheit. Macht über andere ist ein Mittel gegen Angst und mangelndes Selbstwertgefühl. Mit Verachtung gehen deshalb auch manche Politiker mit »ihrem Volk« um. Um das zu erkennen, muß man nicht einmal so extreme Beispiele wie z. B. Adolf Hitler zitieren, der den Deutschen verkündete, daß sie seiner Führerschaft nicht würdig gewesen seien, deshalb den Krieg verloren und den Untergang verdient hätten. Die Zerstörung, die er auf der Welt anrichtete, erstreckte sich zuletzt auf sein eigenes Volk.

Doch auch unsere demokratischen Politiker sprechen seltsame Dinge aus. Es ist deshalb ungeheuer wichtig auf die Sprache der Menschen zu achten. Unbedacht oder auch bedacht gesprochene Worte von Politikern können in einer Gesellschaft unheilvolle Wirkungen hervorrufen. In allen europäischen Ländern versuchen derzeit Politiker »Sündenböcke« für die schwierige wirtschaftliche Situation, für Arbeitslosigkeit, Kriminalität, Wohnungsnot usw. zu finden.

Ein Sündenbock ist ein Tier, dem symbolisch alle Schuld aufgeladen wird und das dann in die Wüste geschickt wird. Sündenböcke sind in Europa und natürlich auch in Deutschland derzeit vor allem Asylsuchende. Politiker warnen deshalb vor »Asylantenströmen«, vor »Flutwellen von Asylanten«, die gestoppt werden müßten. Menschen fürchten sich vor Strömen und Flutwellen – man geht darin unter, ertrinkt, wird überwältigt. Solche Worte schüren also Ängste, reizen zu Abwehr und Verteidigungsbereitschaft.

Herta Müller, deutsch-rumänische Schriftstellerin:

»Die Politiker beteuern, ›betroffen‹ zu sein, doch es fällt ihnen nicht einmal im Zufall ein Satz ein, der aufhorchen läßt. Kein einziger Gedanke kommt aus ihrem Mund. Statt dessen das abgedroschene Material aus totgeglaubten Metaphern. Die werden im Munde geführt, um den Fakten zu entkommen. Sie rinnen kalt ab. Die Sprache selber, die deutsche Sprache bekommt Gänsehaut, wenn deutsche Politiker reden. Die Sprachbilder der Politiker sind Metaphern mit Gänsehaut. Die EG (oder die Demokratie, oder der Staat) müsse ›wehrhaft bleiben, ein fester

ERICH RIEDL,
CSU-Bundestagsabgeordneter:
»Der Münchener Süden muß sofort zur asylantenfreien Zone erklärt werden.«

FRIEDHELM FARTHMANN,
SPD-Fraktionsvorsitzender in Nordrhein-Westfalen:
»Am Kragen packen und raus damit«

OTTO WIESHEU,
CSU-Staatssekretär:
»Politische Verfolgung allein ist noch kein Grund, Asyl zu gewähren. Schließlich wird auch die CSU politisch verfolgt von der SPD und den Grünen.«

Anker in stürmischer See‹ (Außenminister Kinkel). Alles ist austauschbar, sagt ein- und dasselbe Nichts.

Weshalb lesen Menschen, die in die Politik gehen, für die öffentlichen Reden genauso zum Beruf gehören wie Entscheidungen hinter verschlossenen Türen, weshalb lesen diese Menschen nicht wenigstens soviel, daß sie den Grundton einer zumutbaren Sprache beherrschen? Weshalb nehmen sie heute, um gegen Neonazis zu reden, eine Sprache in den Mund, die sich ästhetisch von den Sprachbildern des Faschismus kaum unterscheidet? All ihre Sprachbilder schlagen in die häßliche, gleiche Kerbe: ›Die Ärmel aufkrempeln‹ hieß es nach der Vereinigung, dann kam die ›Talsohle‹, die war ›noch nicht erreicht‹, dann war sie ›erreicht‹, doch kein ›bergauf‹ in Sicht, kein ›blühendes Land‹. Jetzt ist ›das Boot voll‹.

Zu seinem zehnjährigen Kanzlerjubiläum meinte der Kanzler (Kohl, Anm. d. Verf.) noch immer: ›Jeder ist der Schmied seines eigenen Glücks‹. Alles Sprachbilder mit Gänsehaut.«

Doch die Worte »Ströme« und »Flutwellen« sind noch harmlos gegenüber der Bezeichnung »Wirtschaftsschmarotzer«, benutzt z. B. von den bayerischen Politikern Max Streibl und Edmund Stoiber. Als Wirtschaftsschmarotzer wurden bei den Nazis die Juden bezeichnet, ja

sie galten als Schmarotzer schlechthin, Schmarotzer sind Lebewesen, die andere aussaugen und damit langfristig ihren Tod herbeiführen. Das Wort hat also eine eindeutige Geschichte. Wenn Asylbewerberheime angezündet werden, wenn es Ausschreitungen gegen Menschen anderer Hautfarbe gibt, dann sprechen die meisten Politiker heute von »Schande«, von unerklärlichem »Fremdenhaß« und »Ausländerfeindlichkeit«. Gleichzeitig aber zeigen sich auch Verständnis für die »Ausländerfeinde«, die ja zu Recht Angst um ihren Arbeitsplatz, ihre Wohnung, Ruhe, Ordnung und Sicherheit hätten. Ohnehin sei der größte Teil der Flüchtlinge, die in Deutschland um Asyl nachfragen, »Scheinasylanten« und »Wirtschaftsflüchtlinge«. Daß sich hinter diesen Wörtern Menschen verbergen, das kann man sich kaum noch vorstellen. Kaum ein Politiker hat bisher ausgesprochen, daß es sich bei Ausländerfeindlichkeit um Menschenfeindlichkeit handelt, daß Fremdenhaß Menschenhaß ist.

Eher ist es so, daß all die unbewußten Ängste und Haßgefühle, die wir bereits beschrieben haben, durch solche, häufig durchaus zielbewußt eingesetzten Worte, bei anderen Menschen heftig zum Ausbruch kommen. Solche Worte heilen nicht, suchen auch keine Lösungen, sondern sie tun weh und sind zerstörerisch.

Mit den Wörtern »Scheinasylant« und »Wirtschaftsschmarotzer« kann man seine Phantasie, die Schattenseite einmal aktiv werden lassen: Scheinasylanten, das sind dunkle Gestalten, Mächte des Bösen, die gar nicht sind, was sie vorgeben zu sein. Es sind Betrüger, Lügner, Kriminelle, Abschaum eben, die unsere Gutmütigkeit ausnutzen, die unser Geld wollen, die uns alles wegnehmen, was wir mühsam erreicht haben. Sie werden uns aussaugen, wir werden sterben, arm werden, unser Land wird verwüstet, besudelt, unrein. Die fast logische Folge solcher Phantasien ist eine Vertreibung der bedrohlichen dunklen Gestalten. Man kann sie ja auch ohne Mühe erkennen, denn schon äußerlich sind sie meist dunkel: sie haben schwarze Haare, braune oder schwarze Haut. Wenn solche Phantasien und Vorstellungen von Politikern, also den Vertretern der offiziellen gesellschaftlichen Macht gefördert und erzeugt werden, dann steht dahinter eine Absicht. Man will zumeist von Schwierigkeiten ablenken, die man im Augenblick nicht lösen kann oder die man vielleicht sogar selbst verursacht hat.

Das kennt nahezu jeder Mensch von sich selbst: man hat etwas angestellt und möchte es nicht zugeben. Man versucht also die Schuld auf jemand anderen abzuwälzen. »Nicht ich habe die Fensterscheibe mit dem Fußball eingeschmissen, sondern ein Junge, den ich noch nie hier gesehen habe«!

Die Schwierigkeiten, von denen Politiker ablenken wollen, kennen wir alle: Arbeitslosigkeit, Wohnungsnot, Wirtschaftskrise, Umweltzerstörung und eigene Ratlosigkeit oder Unfähigkeit. Diese trifft für alle europäischen Länder zu. Und fast überall ist zu beobachten, daß Politiker (nicht alle, aber sehr viele) das Thema Ausländer in den Vordergrund stellen, um von den eigentlichen Fragen abzulenken.

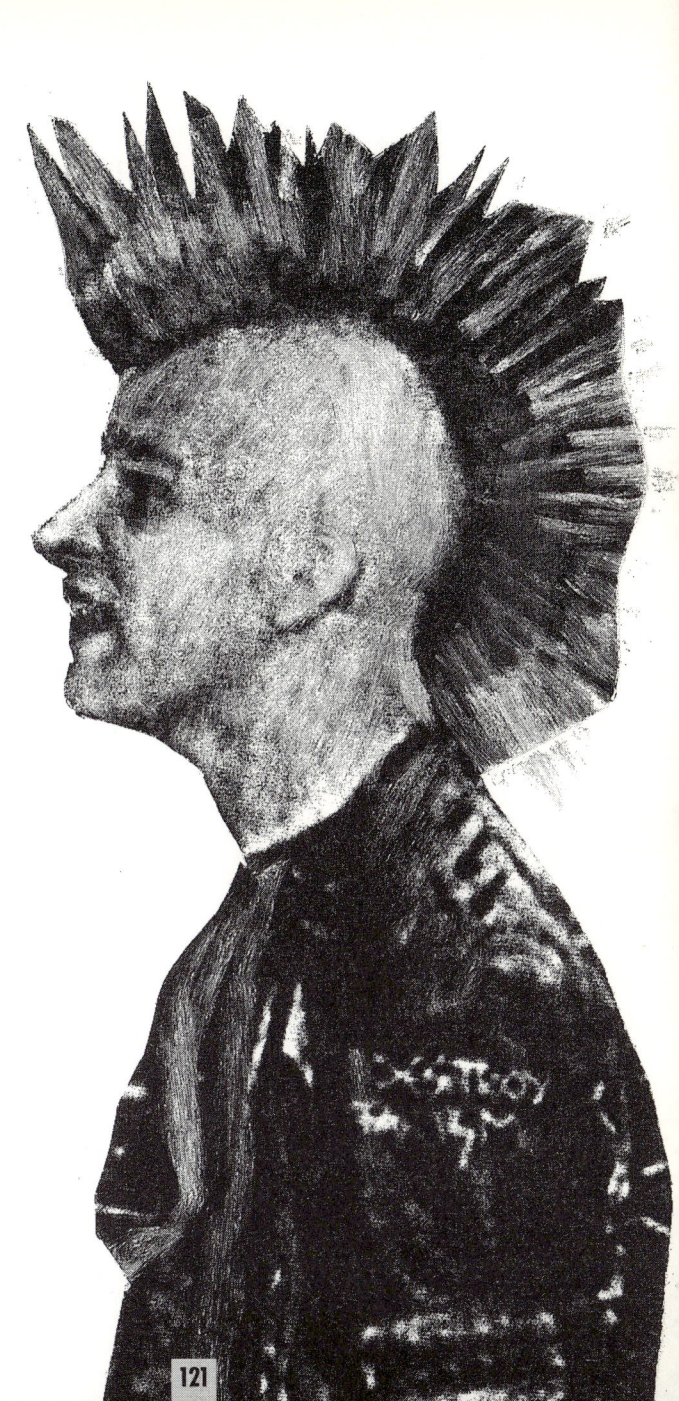

WENN KINDER MORDEN – ODER DIE MACHT DER MEDIEN

Doch nicht nur Politiker lenken geschickt die Gefühle der Menschen. Das tun auch die Medien, also Zeitungen, Zeitschriften, Radio und vor allem das Fernsehen. Wer einmal genau darauf achtet, worüber an erster Stelle berichtet wird, kann feststellen, daß es in den Medien von Zeit zu Zeit Schwerpunkte gibt. Nehmen wir ein Beispiel, das eine Menge mit den gewalttätigen und menschenfeindlichen Ausschreitungen der letzten Jahre zu tun hat: Die sogenannte Brutalität der heutigen Jugend. Es begann damit, daß vor allem junge Menschen vor Asylbewerberheimen randalierten, daß es hier und da zu brutalen Schlägereien zwischen Großstadtgangs kam, daß Diskos überfallen wurden, Jugendliche zu Mördern an alten Menschen wurden und schließlich zwei kleine Jungs in Großbritannien ein Kleinkind umbrachten.

Daß all diese Taten grauenerregend sind, das steht außer Zweifel, doch darum geht es hier nicht. Von einigen Medien wurden sie fast mit Begeisterung aufgenommen. Jeder neue Fall machte neue Schlagzeilen (z. B. in der Bildzeitung) und nach einigen Wochen entstand so etwas wie ein Horrorgemälde der »Jugend von heute«. Plötzlich waren für eine Weile die Asylsuchenden und Ausländer vergessen. Die Bedrohung der Ordnung konnte an der heranwachsenden Generation festgemacht werden. »Sie töten, quälen und rauben: Greueltaten wie der Kindermord von Liverpool geschehen auch in Deutschland – Alarmsignale einer wachsenden Verrohung der Gesellschaft. Werteverwirrung, zerfallende Familien und die Fernsehwirklichkeit lassen Kinder in einem Orientierungsdschungel aufwachsen. Die Täter sind auch Opfer«. So steht es im Vorspann zu einem Artikel im Magazin »Der Spiegel«. Liest man die Geschichte, so bekommt man Angst, Angst vor einer gefühllosen neuen Generation, Angst vor Chaos und Tod.

Doch betrachtet man das Problem der »bösen und kriminellen Jugend« von einer anderen Seite, so sieht es plötzlich ganz anders aus. Zwar war – laut »Spiegel« – jeder siebte Tatverdächtige, den die Polizei 1991 schnappte, jünger als 18 Jahre, doch diese Zahl steht vergleichslos im Raum. Das Bun-

HEINZ STEINERT, Soziologe:
»Die Alten haben zu jeder Zeit und mit Verdacht auf die Nachdrängenden geblickt... In den Medien manifestiert sich derzeit ein deutlich erkennbarer Trend zur Jugendfeindlichkeit.«

deskriminalamt verzeichnet einen Rückgang der Jugendkriminalität und der Straftaten Jugendlicher – darunter fallen auch Gewalttätigkeiten.

1965 machte der Anteil der Jugendlichen an der Gesamtkriminalität in der Bundesrepublik 24,4 Prozent aus.
1970 stieg dieser Anteil auf 32,9 Prozent.
1985 sank er wieder und betrug 27,7 Prozent.
1991 lag er niedriger als 1965, nämlich bei 24,2 Prozent.

Es stimmt also nicht, daß »die Jugend« gewalttätiger wird. Schon immer gab es einen bestimmten Prozentsatz von Menschen und

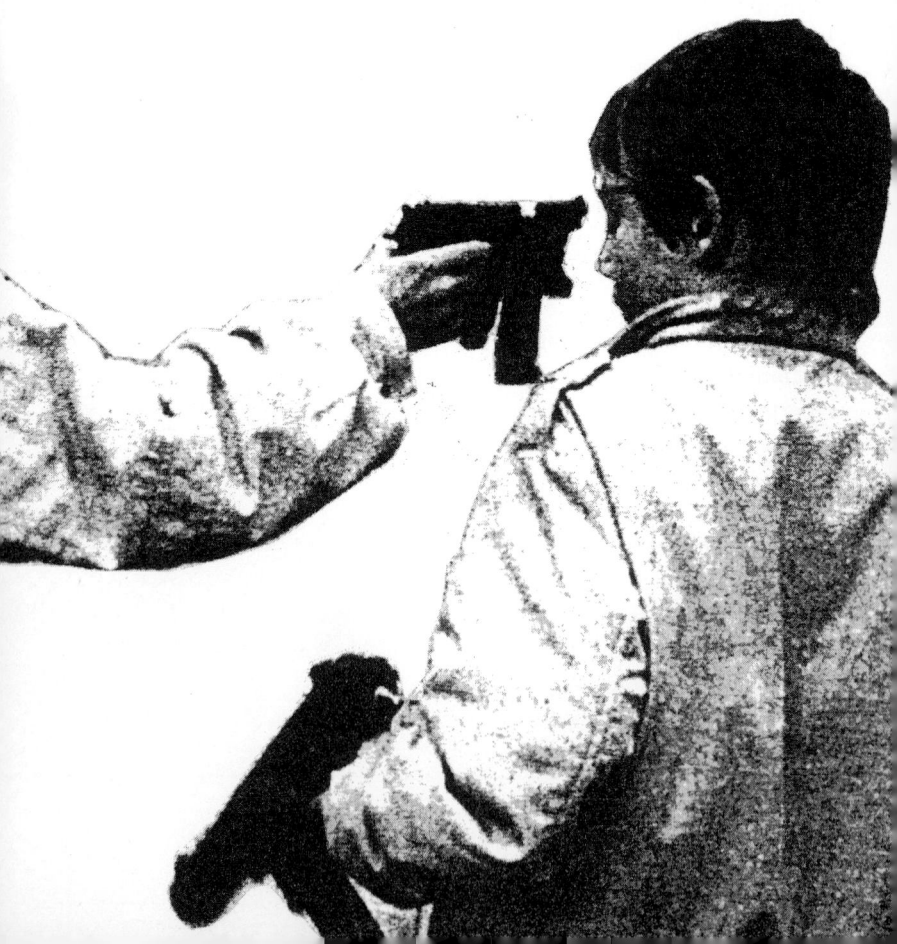

natürlich auch Kindern und Jugendlichen, die mehr als andere zu Gewalt neigen – die Gründe dafür haben wir schon beschrieben. Wenn wochenlang in vielen Medien von »Horrorkindern« die Rede ist, dann wird wieder so etwas wie ein Sündenbock aufgebaut und damit von den anderen Problemen abgelenkt. Die »Horrorkinder« von Liverpool, die einen zweijährigen Jungen ermordeten, riefen bei vielen braven Bürgern wahre Mordgelüste hervor. Man wollte sie ebenfalls umbringen, damit Liverpool nicht weiterhin durch ihre Tat beschmutzt würde. Für kurze Zeit lenkte die entsetzliche Tat mitsamt dem Medienrummel vom Dauerhorror ab: Extreme Arbeitslosigkeit, Hoffnungslosigkeit, Verwahrlosung. Und genau wie »Scheinasylanten« und »Wirtschaftsschmarotzer« kann man »Horrorjugendliche« und »Monsterkinder« viel leichter aus der Gesellschaft ausscheiden – alles dunkle Gestalten, die den Reinen gefährlich werden können.

BESITZ UND NEID

Jugendliche und Asylsuchende haben etwas gemeinsam: Beide Gruppen von Menschen müssen etwas Neues wagen. Asylsuchende haben ihre Heimat verlassen und versuchen ein neues Leben aufzubauen. Jugendliche müssen die Wertvorstellungen ihrer Eltern kritisch betrachten, sich ebenfalls von ihnen ablösen, sozusagen die alte Heimat verlassen und ein eigenes, neues Leben beginnen. Beide Gruppen von Menschen leisten das, was man »seelische Schwerstarbeit« nennen kann.

Beide Gruppen hoffen auf ein neues, eigenes Leben und beide wollen natürlich auch etwas haben: Anerkennung, Entwicklungsmöglichkeiten, eine Wohnung, ein Stück vom allgemeinen Wohlstand, Arbeit... und sie wollen etwas verändern. Gerade das ruft aber in vielen Menschen, die sich in ihrem Leben bereits eingerichtet haben, Angst und Neid hervor. Da ist einmal die Angst um den eigenen Besitz. Das Haus, das Auto, die schöne Einrichtung, Video, Computer, Nähmaschine... unzählige Menschen fürchten zu verlieren, was sie sich mühsam erarbeitet haben. Einbrecher könnten kommen. Der Arbeitsplatz könnte von einem Ausländer oder einem Jüngeren weggenommen werden. Die eigenen Werte könnten in Gefahr geraten, werden in Frage gestellt.

Neid und Haß auf die Jungen steckt deshalb unbewußt in mehr älteren Menschen als man vermuten könnte. Den Jungen gehört schließlich die Zukunft, und man selbst wird alt.

Gegen die eigenen Kinder kann man schlecht eine Festung bauen, um sich zu schützen – das kann man gegen Ausländer schon eher. Die Übermacht der Milliarden Armen auf dieser Erde erfüllt nicht nur Politiker mit Schrecken. Diese Milliarden könnten sich in Bewegung setzen – ja, sie haben es schon getan, wie man an den »Asylanten-strömen« und »Flüchtlingswellen« sehen kann, die ständig in den Medien gemeldet werden. Sie werden von allen Seiten kommen, von Osten, von Süden und die kleinen Inseln des Wohlstands überrennen, die man in den letzten Jahrzehnten gebaut hat.

So etwa sieht ein ganz normaler Alptraum eines ganz normalen Mitteleuropäers, möglicherweise auch Amerikaners aus. Verständlicher-weise, könnte man hinzufügen, wer teilt schon gern, wer verzichtet gern zugunsten anderer. Der tägliche Alptraum, daß Millionen verhungern, ist da viel leichter zu ertragen.

SCHULEN DES HASSES

In jedem zweiten Land auf unserer Erde werden Menschen gefoltert. Menschen, die anderer Meinung sind, die einer anderen Rasse oder Religion angehören, Menschen, die eine andere politische Meinung haben. Folter ist das planmäßige Quälen von Menschen und hat nichts mit einem spontanen Ausbruch von Haß oder Gewalt zu tun. Folter ist erstarrter Haß, der für die Folterer selbst nicht mehr spürbar ist. Folterer sind Menschen, deren Gefühle genauso gezielt getötet wurden, wie sie schließlich andere quälen. Zu diesem Ergebnis kam der Arzt und Psychotherapeut Peter Boppel, der bei der Gefangenenhilfsorganisation Amnesty International Referent für das Gebiet »Mißbrauch der Psychologie« ist.

Künftige Folterknechte werden sorgfältig ausgesucht, denn offenbar ist nicht jeder Mensch dazu geeignet. »Jemand, der zum Folterer gemacht werden kann, ist ein Mensch, der in seiner Kindheit einen schweren Schaden an seinem Selbstwertgefühl erlitten hat«. Peter Boppel beschrieb, wie auf diesen schweren Belastungen aus der Kindheit dann von den Ausbildern in Militärlagern systematisch aufgebaut wird.

»Ich will ihnen ein Beispiel geben aus dem Griechenland unter der Diktatur (1967 – 1974, Anm. d. Verf.). Die Rekruten wurden mit Lastwagen aus ihren Dörfern geholt und zur Ausbildungseinheit transportiert. Die Wagen rollten durch das Tor, das Tor wurde hinter ihnen geschlossen. Die Rekruten wurden von den Wagen gezerrt, und das erste, was passierte: Sie bezogen eine Tracht Prügel – und zwar von ihren Vorgängern. Also von den Rekruten, die schon ein halbes Jahr dort waren und selbst so empfangen worden sind. Das war die Begrüßung. Dann mußten sie alle persönlichen Dinge abgeben: Kleidung, Halsketten, Photos von ihrer Familie und ihrer Freundin. Man verpaßte ihnen einen uniformen Stoppelhaarschnitt. Man fügte ihnen also Schmerzen zu, und man entehrte sie. Sie wurden eines Teils ihrer Identität beraubt«.

Erst nach diesem Empfang begann die eigentliche Ausbildung. Die jungen Männer wurden regelmäßig bis an die Grenze der körperlichen Leistungsfähigkeit getrieben. Natürlich kann kein Mensch 100 Klimmzüge nacheinander machen, er muß zusammenbrechen. Wenn das geschah, dann wurde er verspottet, erniedrigt und bestraft. Ziel der Ausbildung war also die brutale Erniedrigung der Rekruten.

Man möchte annehmen, daß sich bei solcher Behandlung Haß und Wut gegen die Ausbilder und Vorgesetzten richten müßten. Doch den jungen Männern wird gleichzeitig eingetrichtert, daß sie all dem nur ausgesetzt werden, damit sie später den Feind besiegen können. Einen Feind, der viele verschiedene Namen hat, der das Böse schlechthin verkörpert. Er kann Kommunismus heißen, Imperialismus, den Namen einer Widerstandsbewegung tragen oder den politisch Andersdenkender. Die ständige Erniedrigung zerbricht die Seele der jungen Menschen. Eine Seele, die ja noch nicht einmal annähernd in sich selbst gefestigt ist, denn die Rekruten sind meist nicht älter als 16 bis 22 Jahre alt.

Peter Boppel beschreibt das so: »Dieses Zerschlagen der Seele ist eine der schlimmsten Situationen, die ein Mensch erleben kann. Er verliert sich selbst. Es entsteht ein riesiger Druck danach, wieder heil zu werden, wieder mit sich selbst zusammenzukommen. Dieses Wieder-Heil-Werden aber wird für sie nur dadurch möglich, daß sie bedingungslos erfüllen, was Einheit und Ausbilder befehlen«.

Wenn jegliches Mitgefühl für das Leiden anderer in einem Menschen abgetötet wurde, wenn er bereit wäre, sogar seine eigenen Eltern zu foltern oder umzubringen, weil es ihm befohlen wird, dann erst ist die Ausbildung zum Folterer abgeschlossen. Er ist nichts anderes mehr als eine gefühllose Maschine. Es werden ihm jetzt nur noch spezielle Kenntnisse beigebracht, die ihn dazu befähigen einen anderen Menschen zu quälen, ohne ihn zu töten.

Es wird vermutlich immer Menschen geben, die bereits als Kind so zerstört wurden, daß man sie zu Maschinen des Hasses machen kann. Millionen von Kindern und jungen Menschen leben unter brutalsten Bedingungen in Slums, sie leiden in jahrelangen Kriegen, ohne Hoffnung oder gar liebevolle Betreuung. Es gibt also ein großes Potential auf das eiskalte und psychopatische politische Führer und militärische

Ausbilder zurückgreifen können. Die Foltermethoden sind so grausam, daß wir sie hier nicht beschreiben möchten.

Um die absolute Skrupellosigkeit mancher Diktatoren zu zeigen, wollen wir allerdings noch einmal Peter Boppel zitieren. Er beschreibt, was sich in der Zeit des Diktators Somoza in Nicaragua abspielte:

»Unter dem Regime von Somoza sind Waisen- und Straßenkinder aufgegriffen worden, die im Alter von sechs, sieben, acht Jahren von der Nationalgarde dazu ausgebildet wurden, Oppositionelle zu foltern. Diese Kinder haben den Gefangenen bei lebendigem Leibe die Augen aus den Augenhöhlen gerissen – um nur mal eine der Grausamkeiten zu nennen. Und als dann die Sandinisten an die Macht kamen, wurde ein Teil der Kinder nach Schweden gebracht. Man hat versucht, sie zu therapieren. Aber in den meisten Fällen ist das nicht gelungen«.

Nach Peter Boppels Erfahrung sind die Zerstörungen, die an der Seele der Folterer während der Ausbildung angerichtet wurden, auch durch eine Psychotherapie nicht wieder zu heilen. Sie bleiben gefühlstaub, innerlich abgestorben und unfähig mit anderen Menschen zu

PETER BOPPEL, Psychotherapeut, Amnesty International:
»Eine beliebte Übung ist auch die Tötung des Maskottchens. Das Maskottchen der Einheit kann ein Hase, eine Katze oder ein Hund sein. Zu einem bestimmten Zeitpunkt der Ausbildung wird dieses Maskottchen vom Ausbilder bei lebendigem Leib zerrissen. Und die Rekruten müssen dann die Hunde und Katzen aus dem Camp massakrieren.«

HANNAH ARENDT, Eichmann in Jerusalem, ein Bericht von der Banalität des Bösen:

»Was er getan hatte, war nur im Nachhinein ein Verbrechen; er war immer ein gesetzestreuer Bürger gewesen. Hitlers Befehle, die er nach bestem Vermögen befolgt hatte, besaßen im Dritten Reich ›Gesetzeskraft‹...

Dies wüßten die Leute, die jetzt von ihm, Eichmann verlangten, er hätte damals anders handeln sollen, einfach nicht, oder sie hätten vergessen, wie die Dinge zu Hitlers Zeiten ausgesehen haben. Er jedenfalls wollte nicht zu denen gehören, die nachträglich versichern, ›daß sie immer schon dagegen gewesen wären‹, wenn sie in Wirklichkeit eifrig getan hatten, was man ihnen zu tun befahl. Doch die Zeiten ändern sich, er war, wie so viele andere (einschließlich der Juristen) ›zu neuen Einsichten gekommen‹. Was er getan habe, habe er getan, er wolle nichts abstreiten; vielmehr sei er bereit, ›als abschreckendes Beispiel für alle Antisemiten der Länder dieser Erde‹ sich selbst öffentlich zu erhängen. Dies aber heiße nicht, daß er etwas bereue: ›Reue ist etwas für kleine Kinder‹.«

fühlen oder sogar etwas wie Liebe zu empfinden. Nicht einmal zu etwas Ähnlichem wie Reue sind sie in der Lage. Das zeigt sich übrigens auch an den Verantwortlichen und Ausführenden in den Judenvernichtungslagern der Nazis.

Ohne irgendein Empfinden für die eigene Verantwortlichkeit begründeten sie ihre unvorstellbar grausamen Taten damit, daß sie »nur Befehle ausgeführt hätten«.

Doch nicht nur diese Extrembeispiele zeigen, daß Menschen zu schrecklichen Grausamkeiten fähig sind, wenn sie von klein auf gebrochen werden, wenn sie bedingungslos gehorsam sein müssen und wenn ihre eigene Menschenwürde nie geachtet wurde. Es gibt ein seltsames »Ritual«, das bisher an den meisten französischen Elitehochschulen üblich war. Dabei handelt es sich um eine Art Initiation, den Empfang für die Studienanfänger. Auf fatale Weise ähnelt das Ritual der »Bizutage« (»Bizuts« sind die Studienanfänger, Anm. d. Verf.) dem Empfang der jungen Rekruten im Ausbildungslager der griechischen Diktatur. Ein Betroffener schildert das unglaubliche Geschehen. Schauplatz: Frankreich im Jahre 1992.

»Fünf Minuten genügten, um

uns klarzumachen, was das Thema der ersten Woche sein sollte: angewandter Faschismus… Wir mußten stundenlang niederknien, Katzenfutter essen, uns beschimpfen und mit Essig übergießen lassen. Mit Reitpeitschen sorgten die Älteren dafür, daß niemand aufzumucken wagte. Am meisten Spaß machte es ihnen, uns mindestens zweimal am Tag durch einen Graben voller Unrat robben zu lassen, bis uns die Ellenbogen bluteten«. Zwar ist all das schon seit 1928 offiziell verboten, doch es wurde bisher ungerührt weiterpraktiziert und offiziell geduldet. Erst eine französische Bürgerrechtsorganisation hat 1992 erreicht, daß das Verbot der »Bizutage« nun wirksam werden soll. Anzeigen hatte es bis dahin kaum gegeben, denn den Studienanfängern waren bei den Quälereien meist die Augen verbunden oder sie hatten Angst vor späteren Nachteilen beim Studium. Der Direktor der Jesuitenschule Sainte-Genevieve, in der die eben geschilderte Szene spielte, erklärte: »Der Brauch erzieht unsere Studenten zur Solidarität, wappnet sie gegen die Widerwärtigkeiten des Lebens und schweißt sie zusammen«.

Der Psychiater Samuel Lepastier beschreibt die Auswirkungen auf die Studienanfänger ganz anders: »Entziehen sie sich der Erniedrigung, werden sie aus der Gemeinschaft des Jahrgangs ausgeschlossen. Gehorchen sie, haben sie mit Schuldgefühlen zu kämpfen«.

Der ehemalige Erziehungsminister Jack Lang drückt es drastischer aus: »Wer erniedrigt wurde, versucht sich zu rehabilitieren, indem er dem Nächsten Gleiches antut – oder Schlimmeres«. Die »Bizutage« ist offensichtlich Ausdruck des ganz normalen Wahnsinns in einer ganz normalen Leistungsgesellschaft, die ihre Mitglieder zu starker Anpassung und Gehorsam erzieht.

DER DRUCK AUF DIE TODESTASTE

Ein landläufiges Vorurteil besagt, daß alle Menschen potentielle Mörder seien. An der Universität von New York wurde zu Beginn der 60er Jahre ein Experiment durchgeführt, das die Beziehung zwischen Autorität, Gehorsam und Aggression klären sollte. Dieses »Milgram-Experiment« – benannt nach seinem Erfinder Professor Milgram – brachte ganz normale

Menschen in die Situation von Folterern. Der Versuch lief so ab: Die Versuchsperson wird aufgefordert, den Lernprozeß eines anderen Menschen zu fördern, indem sie mit Hilfe einer Taste immer dann Stromstöße auslöst, wenn der andere einen Fehler macht. Dabei werden die Stromstöße gesteigert, bis sie schließlich eine tödliche Stärke erreichen. Natürlich verletzten die Stromstöße nicht wirklich ihr Opfer, doch Schmerzensschreie vom Tonband ließen das Experiment für die Versuchspersonen ganz real erscheinen. Das bedeutet: Die Testpersonen mußten glauben, daß sie anderen Menschen Schmerzen bereiteten oder sie sogar töteten. Zu Beginn wurden sie über die Wichtigkeit des Versuchs für die Wissenschaft informiert. Während des Experiments war meist ein Wissenschaftler anwesend, der die Versuchspersonen dazu ermutigte, sie manchmal auch drängte, den Stromstoß auszulösen. Man möchte sich wünschen, daß Menschen bereits die Teilnahme an diesem Experiment verweigern würden. Einige taten das auch, doch es fanden sich trotzdem genügend Testpersonen. Man möchte sich auch wünschen, daß die Teilnehmer nun wenigstens irgendwann den Druck auf die Taste verweigert hätten. Doch das Ergebnis war niederschmetternd: In den USA ließen sich 48 bis 65 Prozent der Versuchspersonen bis zum tödlichen Stromstoß bringen. Als im Jahre 1971 in der Bundesrepublik der Versuch wiederholt wurde, waren es sogar 86 Prozent. Doch es gibt wenigstens ein ermutigendes zweites Ergebnis. Wenn keine Autoritätsperson, also kein Wissenschaftler anwesend war, sank die Zahl derer, die bereit waren den Todesstoß auszulösen auf drei Prozent.

Wirklich ermutigend aber ist auch dieses Ergebnis nicht, denn es zeigt, daß die Bereitschaft zu unbedingtem Gehorsam tief in der Mehrzahl der Menschen verwurzelt ist. Doch das wiederum ist kein Wunder in Gesellschaften, die Gehorsam und Autoritätsgläubigkeit in allen Bereichen praktizieren – in der Familie, der Schule, an den Universitäten oder Ausbildungsplätzen, am Arbeitsplatz. Solange nicht Würde und Selbständigkeit gefördert werden, sondern Anpassung und Unterdrückung von eigenen Gefühlen und Gedanken, solange wird sich wohl am Ergebnis solcher Tests nichts ändern.

Das Experiment zeigt außerdem den außerordentlich hohen Stellen-

ARNO GRUEN, »Falsche Götter«: »Unsere Gesellschaft erzeugt Destruktivität in uns, und die Wissenschaft tut dasselbe. In dem Moment, wo wir sie zum göttlichen Instrument erheben, sie von jeglicher Verantwortung entbinden, werden diejenigen Wissenschaftler, die selbst vom Tödlichen gelenkt werden, sie dafür mißbrauchen. Daß Lebewesen täglich unter dem Deckmantel der wissenschaftlichen Nützlichkeit gequält und verstümmelt werden, verroht nicht nur die Menschen, die das tun, es macht uns alle schuldig. Aber gerade weil unter dem Deckmantel der Wissenschaft getötet werden kann, ist sie auch Zufluchtsort für die geworden, die sich der eigenen Gewalttätigkeit und deren Quelle nicht stellen können«.

wert, den die Wissenschaft als Autorität allgemein einnimmt. Im Namen der Wissenschaft werden unzählige Grausamkeiten begangen und mit der Notwendigkeit des wissenschaftlichen Fortschritts begründet. Und da die meisten Menschen wissenschaftsgläubig sind, nehmen sie all das hin, ohne es mit Hilfe des eigenen Gefühls und des eigenen Denkens zu hinterfragen.

Immer wieder wurde versucht, wissenschaftlich zu begründen, daß Menschen anderer »Rassen« minderwertiger, dümmer oder auch aggressiver als die Weißen seien. Ein ähnliches wissenschaftliches Schicksal teilen übrigens die Frauen aller »Rassen«, denen man ebenfalls bis heute nachweisen möchte, daß sie dümmer und minderwertiger als Männer sind.

DIE OPFER DES HASSES

Für die meisten Menschen ist es nicht leicht, sich in die Rolle eines Opfers von Haß, Rassismus, Verachtung oder gar Folter hineinzuversetzen. Das ist so, obwohl die meisten Menschen schon selbst ähnliche Situationen erlebt haben: Als hilfloses Kind, als Versager, bei einer Schlägerei, im Krieg oder in unzähligen Alltagssituationen. Warum das so ist kann schnell erklärt werden. Ohnmacht und Hilflosigkeit gehören zu Situationen, die heftige Angst auslösen. Deshalb werden solche Gefühle schnell verdrängt und abgespalten. Trotz aller Schädigungen des Selbstwertgefühls haben außerdem weiße Menschen, ob Europäer oder Amerikaner, noch immer einen Rettungsanker: Sie sind eben weiß und gehören damit einer »besseren, einer herrschenden Rasse« an. Es gibt unzählige Beispiele dafür, daß arme Weiße, die in Slums wohnen empört zurückweisen, mit armen Schwarzen verglichen zu werden. Ganz egal wie arm sie sind, sie fühlen sich noch immer besser als »die Nigger«. Ein gemeinsamer Kampf gegen die Armut und Ausbeutung ist deshalb in den meisten Fällen undenkbar.

Die Bewohner der Kontinente, die in den letzten 500 Jahren von den Weißen kolonisiert, daß heißt besetzt und beherrscht wurden, waren vor dieser Zeit Menschen, die stolz auf ihre Gesellschaft, ihr Königreich, ihre Kultur waren. Sie besaßen ein Selbstbewußtsein, das ihnen von den Weißen mit der Zeit genommen wurde. Vor allen in Lateinamerika, in Afrika und Nordamerika wurde von den Kolonialherren die Kultur der »Eingeborenen« gründlich zerstört. Außerdem wurden die Menschen zu Sklaven gemacht, hatten keine Rechte mehr, waren der Verfolgung und Vernichtung ausgesetzt. Die Ausweglosigkeit der Situation trieb zu Beginn der Kolonisierung viele der Opfer in den Selbstmord. Sie töteten nicht nur sich selbst, sondern sogar ihre Kinder, weil sie nicht als Sklaven leben wollten.

Was mit der Kolonisierung der außereuropäischen Kontinente begann, war nicht nur eine Geschichte von Macht und wirtschaftlicher Ausbeutung, sondern auch eine Geschichte seelischer Zerstörung. Wie mit dem Brenneisen wurden den Kolonisierten seelische Wunden zugefügt, die sich über Jahrhunderte zu grausamen Mustern zusammenfügten. Der seelische Spiegel für den Einwohner einer Kolonie war dann nicht mehr sein Landsmann, sondern der Kolonialherr und dieses Spiegelbild war gnadenlos. Es zeigte Verachtung, im besten Fall väterliche Herablassung. Nur die Unterwerfung sicherte das Überleben, nur der Diener und die Dienerin der Herren wurde geduldet.

Diejenigen, die sich unterwarfen waren dann in den Augen der Weißen die »guten Nigger« und die »guten Roten«, wer dagegen Widerstand leistete wurde zur Bestie und konnte deshalb erschlagen werden wie ein Tier. Es ist schwer, sich als Weiße oder als Weißer in die Lage von Farbigen zu versetzen. Bei allem seelischen Leid, das jeden Menschen treffen kann – wir haben es zu beschreiben versucht – bei aller inneren Leere, bei Verzweiflung und Haß: Auch ein Skinhead ist ein Weißer. Bei allen Minderwertigkeitsgefühlen, bei allem klammheimlichen Haß und

FRANTZ FANON:
»Die Stadt des Kolonisierten, oder zumindest die Eingeborenenstadt, das Negerdorf, die Medina, das Reservat, ist ein schlecht berufener Ort, von schlecht berufenen Menschen bevölkert. Man wird dort irgendwo, irgendwie geboren. Man stirbt dort irgendwo an irgendwas. Es ist eine Welt ohne Zwischenräume, die Menschen sitzen hier einer auf dem anderen, die Hütten eine auf der anderen. Die Stadt der Kolonisierten ist eine ausgehungerte Stadt, ausgehungert nach Brot, Fleisch, Schuhen, Kohle, Licht. Die Stadt der Kolonisierten ist eine niedergekauerte Stadt, eine Stadt auf Knien, eine hingelümmelte Stadt. Eine Stadt von Negern, eine Stadt von Bicots (franz. Schimpfwort für Araber). Der Blick, den der Kolonisierte auf die Stadt des Kolonialherrn wirft, ist ein Blick geilen Neides.«
in »Die Verdammten dieser Erde«

Neid, den viele brave Bürger empfinden: Sie sind trotzdem weiß. Und genau daraus machen sie das einzige Privileg, das sie haben, an dieses Weiß-Sein klammern sie sich, denn es ist für sie der einzige sichtbare Beweis, daß sie doch mehr wert sind als andere Menschen, daß es doch noch welche gibt, die unter ihnen stehen, auf die sie treten können. Es ist deshalb kein Zufall, daß die überwiegende Zahl der Mordopfer bei rassistischen Angriffen in den letzten Jahren auch in Deutschland Afrikaner waren. Sie wurden zu Tode geprügelt, aus der Straßenbahn oder aus dem Fenster geworfen, verbrannt.

Als Weiße/r wird man nie einer nahtlosen Diskriminierung von Geburt an ausgesetzt sein. Frauen können sich allerdings leichter in diese Situation versetzen, denn auch sie sind noch immer benachteiligt. Doch neigen auch sie dazu, keineswegs mit den Opfern des Rassismus zu fühlen, da auch für sie Weiß-Sein eine gewisse Machtstellung bedeutet.

Wer aber von klein an ein »Nigger« war, für den sieht die Welt anders aus.

▬ DIE AUSGESCHLOSSENEN

Wenn ein Kind auf die Welt kommt, dann existiert es ganz selbstverständlich – es ist einfach da und hat jedes Recht dazu, da zu sein. Erst wenn es allmählich heranwächst erfährt es aus der Reaktion seiner Umwelt, in welche Situation es hineingeboren wurde. Es erfährt irgendwann zum Beispiel, daß seine Hautfarbe ganz entscheidend für sein künftiges Leben ist. Es wird auf der Straße oder in der Schule plötzlich als »Nigger« bezeichnet, denkt sich vielleicht zu Beginn nicht einmal etwas dabei. So erzählt es etwa der legendäre amerikanische Schwarzenführer Malcolm X in seiner Lebensgeschichte. Viel brutaler brach die Erfahrung des »Anders-Seins« in sein Leben, als Angehörige des Ku-Klux-Klan (einer rechtsradikalen, rassistischen Vereinigung) wiederholt seine Familie bedrohten und schließlich sein Elternhaus niederbrannten.

Sein Vater war nämlich in den Augen der Weißen kein »guter Nigger«. Er war Prediger und setzte sich für die Rechte der Schwarzen ein. Der kleine Malcolm war sechs Jahre alt, als sein Vater von Weißen grausam ermordet wurde. Vier Brüder seines Vaters wurden ebenfalls von Weißen umgebracht. Malcolms Mutter versuchte ihre acht Kinder allein aufzuziehen, doch in den dreißiger Jahren herrschte auch in den USA die Weltwirtschaftskrise, und es war fast unmöglich Arbeit zu finden. Malcolms Mutter hatte eine sehr helle Haut – ihr Vater war Weißer – und nur deshalb bekam sie hin und wieder Jobs als Putzfrau oder Näherin. Die Weißen stellten damals keine Farbigen ein. Sobald sie herausfanden, daß Malcolms Mutter eine Schwarze war, wurde sie entlassen. Schließlich lebte die Familie in Elend und Hunger, ständig kontrolliert von den Aufsehern der Fürsorge.

Die Mutter wurde über all dem Elend psychisch krank und kam in eine Anstalt. Die Kinder wurden in Pflegefamilien verteilt.

Malcolm war trotz der widrigen Umstände ein sehr guter Schüler, besser als die weißen Kinder, wie er stolz bemerkte. Zwar lebte er mit dreizehn Jahren in einer Besserungsanstalt, weil er seinem weißen Lehrer eine Reißzwecke auf den Stuhl gelegt hatte. Doch das störte ihn wenig, denn es war ein angenehmes Heim, mit freundlichen weißen Heimleitern, die Malcolm förderten und lobten. Trotzdem war da etwas, das er deutlich spürte, etwas, das ihn verletzte, ausschloß: In seinem Beisein sprachen der Heimleiter und seine Frau von »den Niggern« in abschätziger Weise, so als höre er es nicht.

Wenn Malcolms Vormund, ein weißer Richter, ins Heim kam, dann spielte sich jedesmal eine ähnliche Szene ab: »Er musterte mich dann von oben bis unten mit beifälligem Gesichtsausdruck, als ob er ein ausgezeichnetes junges Pferd oder einen jungen Rassehund begutachten würde. Mir war klar, sie mußten ihm erzählt haben, wie ich mich benahm und wie gut ich arbeitete. Ich will damit sagen, es ging ihnen einfach niemals auf, daß ich sie verstehen konnte und daß ich kein Haustier war, sondern ein Mensch. Sie billigten mir einfach nicht dieselbe Empfindsamkeit, Intelligenz und Auffassungsgabe zu, die sie einem weißen Jungen an meiner Stelle bereitwillig zugestanden hätten. Es ist im Laufe der Geschichte immer so gewesen, daß die Weißen, selbst wenn wir anwesend waren, uns nicht als zugehörig betrachtet haben. Selbst wenn sie den Anschein erweckten, sie hätten die Tür geöffnet, so war sie doch immer noch verschlossen. Auf diese Weise haben sie mich niemals wirklich wahrgenommen«.

Diese schmerzliche Erfahrung machen nahezu alle Schwarzen, wenn sie mit Weißen zusammenleben und zusammenarbeiten. Natürlich gibt es Ausnahmen, gibt es auch Weiße, die mit Schwarzen auf der gleichen Ebene in Beziehung treten können. Sie befinden sich aber auch heute noch in der Minderheit. Umgekehrt ist es auch für Schwarze, die immer mit dem Stigma der Wertlosigkeit gelebt haben, schwer, selbstbewußt und vertrauensvoll mit Weißen umzugehen. Wer selbstbewußt ist, kann Liebe und Achtung erwarten. Wertlosigkeit dagegen schützt vor der Enttäuschung, denn wenn man nichts erwartet, dann kann man auch nicht verletzt werden.

Malcolm dagegen hatte ein gewisses Selbstbewußtsein, weil er stolz auf seinen Vater gewesen war, weil er gut in der Schule war und deshalb wagte er den verhängnisvollen Vorstoß, der völlig harmlos und kaum der Rede wert war und doch sein Ausgeschlossen-Sein zunächst besiegelte. Er war von seinem weißen Lehrer gefragt worden, was er denn für einen Beruf ergreifen wolle. Malcolm hatte geantwortet: Rechtsanwalt.

Die Antwort seines Lehrers, der ihn ansonsten wegen seiner überdurchschnittlichen Leistungen immer gelobt hatte: »Malcolm, die erste Regel im Leben muß für uns heißen, realistisch zu sein. Versteh' mich jetzt nicht falsch. Du weißt, daß wir alle hier dich mögen. Aber du mußt dir klar darüber werden, was es bedeutet, ein Nigger zu sein. Rechtsanwalt zu sein ist kein realistisches Ziel für einen Nigger. Du mußt dir etwas ausdenken, was du wirklich werden kannst. Du bist geschickt mit deinen Händen – beim Anfertigen von Dingen. Jeder bewundert deine Holzarbeiten. Warum verlegst du dich nicht auf's Tischlerhandwerk? Die Leute mögen dich hier, du würdest genug Arbeit bekommen«.

Doch damit nicht genug. Die weißen Kinder ermutigte der Lehrer zum Studium. Von diesem Augenblick an zog sich Malcolm zurück, arbeitete kaum noch in der Schule mit. Er schlug einen völlig anderen Weg ein, wurde kriminell, kam für zwölf Jahre ins Zuchthaus. Erst dort brachte er seinen inneren Aufruhr zur Ruhe, begann zu studieren, zu lernen und lenkte seine Empörung in Bahnen, die ihn bald zu einem Vorkämpfer für die Rechte der Schwarzen machte.

Er nannte sich von nun an Malcolm X (sein Familienname war

MALCOLM X:
»Ich weiß, ihr könnt euch das Ausmaß
und die Greuel des Verbrechens gar
nicht vorstellen die der sogenannte
christliche Weiße begangen hat... Nicht
einmal die Bibel kennt solche
Verbrechen!... Einhundert Millionen
von uns wurden ermordet! Eure
Großeltern! Meine Großeltern! Dieser
weiße Mann hat sie ermordet. Um
fünfzehn Millionen von uns hierher zu
schaffen und sie zu seinen Sklaven zu
machen, hat er schätzungsweise
einhundert Millionen von uns ermordet.
Ich wünschte, es wäre mir möglich, euch
den Meeresgrund zu zeigen, wie er
damals aussah – die schwarzen Leiber,
das Blut, die von Stiefeln und Knüppeln
zerbrochenen Knochen!«

eigentlich Little), um zu zeigen, daß er den wahren Namen seiner von weißen Sklavenhändlern aus Afrika verschleppten Vorfahren nicht kannte. Er erinnerte seine schwarzen Brüder und Schwestern mit flammenden Worten an ihre Leidensgeschichte, eine Geschichte, die die wenigsten kannten, denn damals wurden romantische und verklärende Erzählungen über die Sklavenzeit verbreitet. Es war die Zeit kurz nach dem Ende des Zweiten Weltkriegs, Beginn der 50er Jahre.

Bis dahin hatten die Schwarzen sich zum größten Teil resigniert damit abgefunden, Menschen zweiter Klasse zu sein. Sie verdienten ihren Lebensunterhalt als Dienstmädchen, Schuhputzer, Gärtner, Hausmeister, Müllarbeiter. Nur bei der amerikanischen Armee hatten sie die Möglichkeit zu beweisen, daß sie hervorragende Bürger waren, die ihr Leben für Amerika einsetzten. Doch auch damit waren sie allenfalls »gute Nigger« und nicht gleichberechtigt oder gar gleichwertig. Martin Luther King, der in den fünfziger und 60er Jahren in den USA die schwarze Bürgerrechtsbewegung anführte, sagte dazu einmal, »daß der weiße Rassist und der gewöhnliche weiße

Bürger mehr miteinander gemeinsam haben als mit den Negern«. Diskriminierung von Schwarzen kann auch bei uns jede/r erleben oder gar an sich selbst beobachten. So ist es zum Beispiel üblich, daß schwarze Männer und Frauen (und natürlich auch andere farbige Ausländer) ganz selbstverständlich geduzt werden. Das stellt in einer Sprache, die klare Unterschiede zwischen Du und Sie macht, Unterschiede in Bezug auf Vertraulichkeit und Respekt, eine schmerzliche Mißachtung dar.

Auch Farbige, die bereits eine »höhere« gesellschaftliche Stellung erreicht haben, die studieren, Doktoren und Professoren sind, werden auf solche Weise behandelt.

Als Frantz Fanon, der berühmte Verkünder des Aufstands der Farbigen, in Lyon sein Studium der Psychiatrie abschloß, machte er wiederholt Erfahrungen wie ein Schuhputzer.

Von dem Prüfer wurde er mit diesem verletzenden, vertraulichen »Du« angesprochen, doch damit nicht genug. Es war üblich, daß die Prüfungskandidaten in einen Korb griffen und so die Fragen zogen. Fanon dagegen wurde väterlich gefragt, worüber er denn geprüft werden wolle. Natürlich griff er in den Korb und zog seine Prüfungsfrage. Die Demütigung aber war bereits geschehen.

Fanon war es auch, der besonders genau beschreiben konnte, wie völlig gestört die Beziehungen von Weiß zu Schwarz waren und letztlich bis heute sind: »Wenn die Leute mich mögen, dann sagen sie, daß sie es trotz meiner Hautfarbe tun. Wenn sie mich nicht mögen, dann betonen sie, daß dies nichts mit meiner Hautfarbe zu tun hat. Hier wie dort gibt es kein Entrinnen aus dem Teufelskreis«.

Fanon hatte, wie unzählige Schwarze in Europa, den USA und Afrika bitter erfahren, daß er immer ein Ausgestoßener bleiben würde. Jahrelang hatte er sich um Integration bemüht, hatte während des Zweiten Weltkriegs in der französischen Armee als Freiwilliger gedient, später Medizin und Psychiatrie studiert, wurde Leiter der Psychiatrischen Abteilung einer Klinik in Algerien, das damals noch französische Kolonie war. Doch das alles half nichts – in den Augen der allermeisten Weißen blieb er einfach ein Neger, ein Nichts.

DER AUFSTAND DER VERACHTETEN

Wer Zeit seines Lebens und seit Generationen mit Haß und Verachtung behandelt wurde, trägt unausweichlich auch Haß und Verzweiflung in sich. Die Abläufe der inneren Zerstörung sehen bei allen Menschen ähnlich aus. Wie wir es bereits beschrieben haben, resignieren die einen, geben auf, passen sich an, werden »gute Schwarze, Gelbe oder Rote«, die dankbar sind, wenn der »Massa« (der Herr) nett zu ihnen ist. Andere werden Alkoholiker, drogenabhängig, sind auf der Flucht vor der Realität. Die seelischen Zerstörungen sehen ganz ähnlich aus, wie bei den Unterdrückern und Peinigern. Es gibt allerdings einen gewaltigen Unterschied: Die Zerstörung trifft alle Schwarzen und die meisten Menschen anderer Hautfarbe, sobald sie mit Weißen zusammenleben. Bei den Weißen sind dagegen nur Menschen, die unter einer besonders schweren Kindheit oder besonders ungerechten sozialen Umständen zu leiden hatten, so extrem betroffen.

Die Opfer der Verachtung leiden offen oder unterschwellig ihr ganzes Leben lang. Sie sind leicht verletzlich, oft übersensibel, spüren Diskriminierung auch ohne Worte – in Blicken, Gesten, sogar in Vertuschungsversuchen. Es ist das Gefühl von Wundsein, hautlos ausgeliefert zu sein.

Es gibt verschiedene Verhaltensweisen damit umzugehen. Viele passen sich an, sind eben die »guten Opfer«, die gutmütig oder scheinbar unempfindlich über die Gemeinheiten der Weißen hinwegsehen. Sie gehen sogar so weit, daß sie die »bösen Opfer«, die sich wehren oder Widerstand leisten, verraten und sich mit den Weißen gegen sie verbünden. Man kann so ein Verhalten zunächst kaum verstehen. Doch es bedeutet schlicht eine Art Selbstaufgabe, eine Identifikation mit dem Angreifer, Verzweiflung und Wut sind völlig abgespalten, können kaum oder gar nicht gefühlt werden.

Wenn sich nun andere gegen die Unterdrückung wehren, wenn sie gar den Angreifer benennen und beschuldigen, dann bringt dieses Verhalten das mühsame Gleichgewicht der »guten Opfer« durcheinander und es gefährdet außerdem ihre Stellung. Man könnte sie ja auch für »böse Nigger« halten und dann verlören sie Stellung, Privilegien, Vertrauen. Diese Verhaltensweisen gibt es bei allen Menschen, gleich welcher Hautfarbe – wir haben sie bereits beschrieben. Man findet sie in Familien, Schulklassen, Betrieben, in der Politik.

MALCOLM X:
»Der Weiße hielt sich die house and yard negroes als sein ganz besonderes Dienstpersonal. Er gab ihnen ein paar Krümel mehr von seiner reichlich gedeckten Tafel ab; er erlaubte ihnen sogar, ihre Mahlzeiten in seiner eigenen Küche einzunehmen. Er wußte, daß er sich auf sie verlassen konnte. Sie würden ›good Massa‹ schon bei Laune halten und in seiner Selbsteinschätzung bestärken, wie ›gütig‹ und ›gerecht‹ er doch sei. Der ›good Massa‹ bekam von diesen house and yard negroes immer genau das zu hören, was er gern hören wollte: ›Sie sind ein so gütiger, feiner Massa!‹ Oder: ›Oh Massa, die alten Nigger, die Feldarbeiter da draußen, die sind schon zufrieden mit dem, was sie haben. Nein, nein, Massa, es lohnt sich nicht, daß Sie sich Mühe machen, die sind viel zu dumm und begreifen es gar nicht, wenn man sich um sie sorgt, Massa...‹«
Aus: Die Autobiographie

Doch es gibt auch den Widerstand gegen die Unterdrücker, gewaltfreien Widerstand und gewalttätigen. Mahatma Gandhi, der Indien aus der britischen Kolonialherrschaft führte, ist ein Beispiel für erfolgreichen gewaltlosen Widerstand. Martin Luther King, dem schwarzen Pfarrer und Führer der schwarzen Bürgerrechtsbewegung, gelang es ebenfalls auf gewaltfreie Weise den schwarzen Amerikanern zu ihren Bürgerrechten zu verhelfen. Gewaltfreier Widerstand ist eine mächtige Waffe, denn er setzt den Angreifer von vornherein ins Unrecht. Wenn Weiße auf eine Demonstration unbewaffneter Schwarzer schießen oder sie niederknüppeln, so begehen sie damit Unrecht und alle anderen können es sehen. Martin Luther King hatte genau das erkannt: »Gewaltlosigkeit war eine schöpferische Lehre im Süden (der USA), weil sie die fanatischen Anhänger der Rassentrennung schachmatt setzte, die nach einer Gelegenheit dürsteten, die Neger physisch zu vernichten. Gewaltlose direkte Aktion befähigte die Neger zu aktivem Protest in den Straßen, und sie blockierte die Gewehre des Unterdrückers, weil selbst er nicht am hellichten Tage unbewaffnete Männer, Frauen und Kinder niederschie-

ßen konnte. Aus diesem Grund gab es geringere Verluste an Menschenleben in zehn Jahren des Protestes im Süden als während eines zehntägigen Aufstandes im Norden«. (aus einem Artikel für das »Look Magazine« zur Ankündigung der »Kampagne der Armen« im Frühjahr 1968).

Mit jahrelangem gewaltfreien Widerstand gelang es den Schwarzen unter der Führung von Martin Luther King Ende der 60er Jahre endlich, zumindest auf dem Papier den Weißen gleichgestellt zu werden. Sie erhielten das Wahlrecht und die anderen bürgerlichen Grundrechte, die Menschen in einer Demokratie haben. Doch vom Papier zur wirklichen Gleichberechtigung ist es ein weiter Weg. Man kann das auch am Kampf der Frauen um Gleichberechtigung ablesen. Rechte anderer müssen erst in den Köpfen und Herzen der bisher Überlegenen verankert werden. Dieser Prozeß eines neuen Bewußtseins dauert meist erheblich länger als die Verabschiedung eines Gesetzes. Der Haß der Unterdrücker ist zäh. Das wußten auch alle Kämpfer um die Rechte der Schwarzen oder der Kolonialopfer. Sie rechneten ständig mit ihrer Ermordung.

MALCOLM X:
»Ich muß realistischerweise davon ausgehen, daß meinem Leben bei Tag und Nacht, in jeder Minute ein Ende gesetzt werden kann... ich sehe deutlich, was um mich herum passiert, ich habe aus verläßlicher Quelle Informationen erhalten, über den eigenen Tod nachzudenken, beunruhigt mich weit weniger als andere Leute.«

Mahatma Gandhi, Martin Luther King und Malcolm X wurden tatsächlich ermordet. Alle drei wurden Opfer des Hasses – nur einer, Martin Luther King, wurde allerdings von einem Weißen erschossen, Gandhi starb durch die Hand eines Inders, der nicht hinnehmen wollte, daß Gandhi die indischen Moslems vor den Hindus in Schutz nahm, Malcolm X wurde das Opfer einer gegnerischen Gruppe von Schwarzen. Der südafrikanische Schwarzenführer Chris Hani wurde 1993 von einem rechtsradikalen weißen Rassisten umgebracht, nachdem in diesem Land endlich die Rassentrennung (Apartheid) aufgehoben wurde.

▰ HASS MACHT HASS

Auch die Prediger des gewaltlosen Widerstands gegen Unterdrückung und Rassismus konnten nie verhindern, daß die Menschen, für die sie kämpften, gewalttätig wurden. Zu groß war die angestaute Verzweiflung, zu lange auch war der Haß der Unterdrücker zu einem eigenen Haß geworden, der nach außen drängte. Und es gab viele Vordenker und politische Führer, die Gewalt als einziges Mittel zur Befreiung aus Kolonialherrschaft und Verachtung sahen. Die seelischen Verkrüppelungen, die unter jahrhundertelanger Kolonialherrschaft oder Diskriminierung entstanden sind, konnte man nicht einfach wegzaubern. Dabei ist bis heute auffällig, daß sich die Gewalttätigkeit nicht so sehr gegen die Unterdrücker richtet, sondern gegen Menschen der eigenen Hautfarbe. So ist zum Beispiel derzeit Mord die häufigste Todesursache unter schwarzen jungen Männern in den USA. In Südafrika bringen sich Schwarze gegenseitig um, die eigentlich gemeinsam den Sieg gegen die Apartheid feiern müßten. Kriege überziehen Afrika, Mißachtung der Menschenrechte sind in unzähligen ehemaligen Kolonialländern ganz normal. Natürlich haben diese Auseinandersetzungen vielfältige politische und soziale Ursachen. Doch es gibt auch eine seelische Wurzel: Selbsthaß, verursacht durch endlose Verachtung und Gewalt. Der schwarze Psychiater Frantz Fanon, der ein Vertreter der Gewalt gegen die Unterdrücker wurde, hat beschrieben, wie die französischen Kolonialherren z. B. die Algerier sahen. An der Universität in Algier wurde in nahezu allen Vorlesungen auch gelehrt, daß der Algerier ein geborener Krimineller sei. Es waren algerische

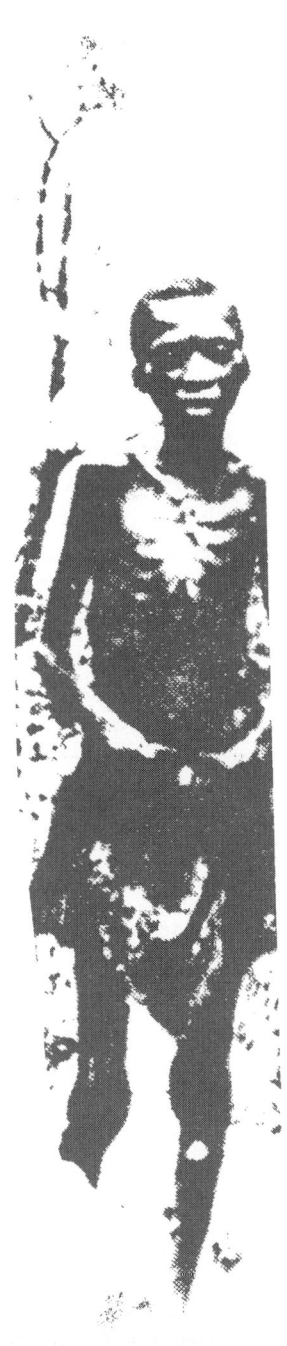

Studenten, die diese Meinung über sich selbst und die eigenen Landsleute als »wissenschaftliche Erkenntnisse« hinnehmen mußten. Es hieß z. B., daß der Eingeborene folgende Merkmale aufweise:

Kein oder fast kein Gefühlsleben

Äußerst leichtgläubig und beeinflußbar

Zähe Verbohrtheit

Geistige Infantilität ohne die Wißbegierde des westlichen Kindes

Hysterische Erscheinungen und Reaktionen

Tatsächlich war in Algerien unter der Kolonialherrschaft die Kriminalität sehr hoch. Die Straftaten spielten sich jedoch fast im geschlossenen Kreis ab. Frantz Fanon: »Die Algerier bestehlen, zerfleischen und töten einander gegenseitig, vergreifen sich aber selten an Franzosen und gehen Schlägereien mit ihnen aus dem Wege«. Im Grunde spielte sich unter den ehemaligen Kolonialvölkern eine ähnliche Tragödie ab, wie wir sie bei den Rechtsradikalen, Teilen der Skinheads und der sympathisierenden Bürger geschildert haben. Der Haß entlädt sich nicht gegen die Unterdrücker, sondern gegen Schwächere, Menschen, die man genauso verachtet wie sich selbst.

Die Vertreter der Gewalt unter den Führern der Kolonialvölker und unterdrückten Minderheiten versuchten genau diesen Selbsthaß umzulenken und zu einem Haß auf den Unterdrücker, den Verursacher der Verzweiflung zu lenken. Frantz Fanon vertrat die Meinung, daß Gewalt gegen den Unterdrücker den Unterdrückten reinige, daß sie ihn von seinen Minderwertigkeitskomplexen heile, daß sie die Opfer endlich vereinige und sie sich nicht mehr gegenseitig zerfleischen müßten. Malcolm X rief zur Bewaffnung der Schwarzen in den USA auf, zur Verweigerung der Zusammenarbeit, zur Gegenwehr.

»Ich will, daß ihr nach Verlassen dieses Raumes anfangt, all das, was ihr hier gehört habt, wahrzunehmen, sobald ihr dem weißen Teufel wieder gegenübertretet. Ja, natürlich, er ist ein Teufel! Ich will, daß ihr anfangt, ihn an den Orten zu beobachten, an denen er euch normalerweise nicht haben will. Beobachtet ihn, wie er sich in Reichtum und Eitelkeit suhlt, während er euch und mich fortwährend unterjocht.

Jedesmal, wenn ihr einen Weißen seht, müßt ihr daran denken, daß

ihr den Teufel vor euch habt! Denkt daran, daß es die blutigen, schweißgetränkten Rücken eurer Ahnen waren, auf denen er sein Reich gründete, sein Imperium, das heute die reichste Nation der Welt ist. Seine Niedertracht und seine Habgier haben ihm den Haß der ganzen Welt eingebracht«!

Frantz Fanon fand es zum Beispiel unannehmbar, daß den Kolonialvölkern die Freiheit und Unabhängigkeit von den Weißen gegeben, gewährt würde. Für ihn stellte diese Art von Großzügigkeit eine neue Demütigung dar. Er war der Meinung, daß die Kolonialvölker sich die Freiheit selbst erkämpfen müßten, wie etwa in Indochina, in Indonesien, in Nordafrika oder Kenia. Es ist der Geist der Revolution, der aus den Worten von Fanon und Malcolm X und vieler anderer spricht. Doch hat sich in der Zwischenzeit herausgestellt, daß auch eine gewalttätige

FRANTZ FANON:
Aus dem Krankenbericht eines algerischen Freiheitskämpfers:
»Eines Tages sind wir auf eine Kolonialbesitzung gegangen, wo der Verwalter, ein aktiver Kolonialist, schon zwei algerische Zivilisten erschlagen hatte. Wir kamen nachts an. Aber er war nicht da. Nur seine Frau war im Haus. Als sie uns sah, flehte sie uns an, sie nicht zu töten... Man beschloß, auf den Mann zu warten. Aber ich betrachtete die Frau und dachte an meine Mutter. Sie saß auf einem Sessel und schien abwesend. Ich fragte mich, warum man sie nicht töte... Einen Augenblick später war sie tot. Ich hatte sie mit meinem Messer getötet. Der Anführer entwaffnete mich und gab den Befehl aufzubrechen. Einige Tage später wurde ich vom Sektionschef verhört. Ich glaubte, man würde mich töten, aber das war mir egal. Dann begann ich, mich nach den Mahlzeiten zu erbrechen und schlecht zu schlafen. Und dann ist diese Frau jeden Abend gekommen, um mein Blut zu verlangen. Und wo ist das Blut meiner Mutter?«
Aus: Die Verdammten dieser Erde

Befreiung nicht unbedingt zur inneren Befreiung beiträgt. Ähnlich wie Jugendliche, die aus einem brutalen und lieblosen Elternhaus flüchten, weggehen, nie mehr etwas mit der Vergangenheit zu tun haben wollen und doch genau diese Vergangenheit in ihren Seelen weiterhin herumtragen – ähnlich geht es auch den Opfern des Rassismus. Wenn sie Weiße töten, so töten sie doch Menschen und nicht einfach Teufel. Viele der ehemaligen Freiheitskämpfer in Vietnam, in Algerien und anderswo wurden seelisch krank, weil die Grausamkeit des Kampfes sie ebenfalls schwer geschädigt hatte. Und auch das Selbstbewußtsein wurde durch die revolutionäre Tat nicht einfach wiederhergestellt.

Die tiefen Wunden zu heilen, bedarf es langer Zeit und positiver Erfahrungen. Das erkannte auch Malcolm X, der sich zunächst für eine Art Rassentrennung unter umgekehrten Vorzeichen ausgesprochen hatte – er wollte, daß sich die amerikanischen Schwarzen völlig von den Weißen trennen sollten, um zu sich selbst zu finden. Er hatte jegliche Unterstützung des Freiheitskampfes der Schwarzen durch Weiße abgelehnt, doch dann erkannte er, daß nur alle gemeinsam diese Befreiung bewältigen können. Kurz vor seinem Tod sagte er, daß seine Freunde »heute schwarz, braun, rot, gelb und weiß« seien. Und er lehnte eine Unterstützung durch nicht-rassistische Weiße nicht länger ab. Doch er gab ihnen auch einen ernsten Rat: »Ich werde den Verdacht nicht los, daß Weiße, die einer schwarzen Organisation beitreten wollen, sich dem Problem nicht wirklich stellen, sondern nur nach dem einfachsten Weg suchen, ihr Gewissen zu erleichtern... Wirklich engagierte Weiße sollten sich nicht vor den Schwarzen, den Opfern ›beweisen‹, sondern dort, wo die Frontlinie des amerikanischen Rassismus tatsächlich verläuft: in ihrer eigenen, direkten Umgebung. Dort ist der amerikanische Rassismus zu Hause – bei ihren weißen Mitbürgern. Wenn sie wirklich etwas erreichen wollen, sollten diese aufgeschlossenen Weißen dort mit ihrer Arbeit anfangen«.

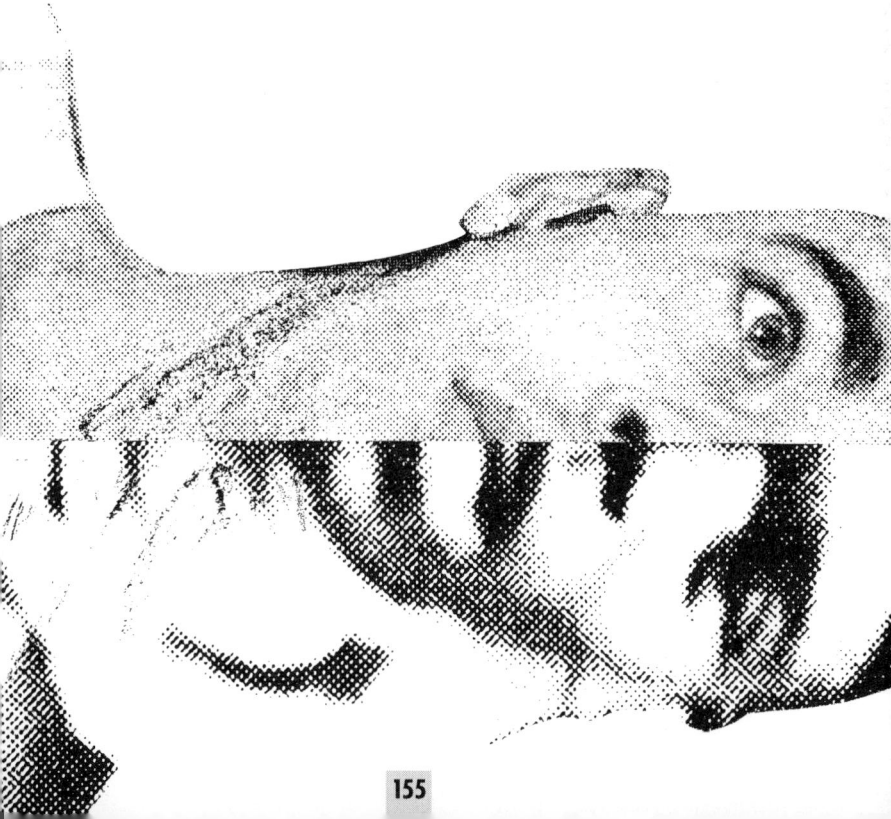

Malcolm X sprach vom amerikanischen Rassismus, den er am eigenen Leib erfahren und erlitten hatte, doch auch dieser amerikanische Rassismus hat seine Wurzeln im europäischen Rassismus, der heute wieder stärker wird. Rassismus begrenzt sich nicht nur auf Menschen, die anders aussehen, also einer anderen »Rasse« angehören. Er trifft auch Menschen anderer Religion, anderer Weltanschauung. Es gibt viele Formen von Rassismus. Der Krieg in Jugoslawien ist eines der brutalsten Beispiele in jüngster Zeit, doch auch die Ausschreitungen gegen Ausländer, Asylsuchende, der Antisemitismus in der ehemaligen Sowjetunion, die Gewalttaten in Südafrika oder in Indien gehören dazu, überall auf der Welt werden Minderheiten verfolgt und unterdrückt. In China sind es z. B. die Mongolen und die Tibeter. In ganz Europa sind es die Sinti und Roma, die nirgendwo einen Platz für ihre Familien finden und überall verjagt werden. Die Juden sind geradezu ein Symbol für die Opfer rassistischer Verfolgung und rassistischen Wahns. Wenn der Staat Israel sich heute gegenüber den Palästinensern nahezu rassistisch verhält, so hat das auch seine Gründe in der jahrhundertelangen Verfolgung.

Der Haß und die Verzweiflung der Menschen haben viele Ursachen. Wir haben versucht, diese Ursachen zu beschreiben. Es sind Gründe, die tief in den Seelen der Menschen stecken und Ursachen, die von außen kommen, deren Wurzeln politischer und wirtschaftlicher Natur sind. Immer dann, wenn große Veränderungen geschehen, bekommen die meisten Menschen Angst. Die Angst aber setzt auch den Haß frei, der schon immer da war. Solange die »guten Neger« schön brav sind, solange die Armen in der »Dritten Welt« bleiben und es den Reichen gut geht – solange wird sich der Haß in Grenzen halten. Wenn aber die »guten Neger« ihre Rechte fordern, wenn die Armen nicht mehr verhungern wollen, wenn es außerdem den Reichen nicht mehr so gut geht, dann besteht die Gefahr, daß der Rassismus noch mehr Opfer fordert. Haß aber führt zu Zerstörung und Krieg, Haß macht die Erde

NADINE GORDIMER:
»Die Gesetze, die über den Ablauf ihres Lebens bestimmen, bestehen aus Haut und Haar, die relativen Breite von Lippen und Nasen – das ist schon ziemlich alles. Es ist alles... Christentum gegen andere Götter, Eingeborene gegen fremde Eroberer, Volksmassen gegen die herrschende Klasse: wo er und sie herkommt, sind das alles nur verschiedene Ausdeutungen der sicht- und spürbaren Unterschiede von Haut und Haar... Der anrüchige Fetisch, den sie aus Kontrasten von Haut und Haar zusammenkleistern, für den sie Millionen lebendig skalpieren, hängt an Stelle Christi am Kreuz. Haut und Haar. Sie haben mehr bewirkt als sonst irgend etwas auf Erden.«
Aus: Ein Spiel der Natur

kalt. Verbrannte Erde, ermordete Menschen, zerstörte Natur aber sind kein guter Platz zum Leben.

Rassismus ist inzwischen keine Erscheinung mehr, die ausschließlich auf die Weißen beschränkt ist. Rassismus gibt es überall auf der Welt, weil die Mächtigen erkannt haben, daß man damit Politik machen kann. So werden z. B. besonders die Naturvölker mit Hilfe rassistischer Argumente gnadenlos verfolgt oder ihrer Lebensgrundlagen beraubt. Wer etwa Regenwälder abholzen will, der nimmt keine Rücksicht auf die Waldbewohner. In Malaysia werden die Penan, ein Naturvolk auf der Insel Borneo, als »Affen« bezeichnet. Man meint auf »Affen« keine Rücksicht nehmen zu müssen und leitet daraus das Recht ab, die Regenwälder Borneos zu vernichten. Das Ende der Regenwälder wäre auch ein Ende der Penan. So greifen Rassismus und Naturzerstörung an vielen Orten der Welt ineinander. Ähnlich ergeht es den Indianervölkern in Amazonien, den Pygmäen in Afrika, vielen Nomadenstämmen oder anderen Minderheiten. Auch in diesen Fällen ist es so, daß die Opfer verächtlich gemacht werden, als Hindernisse für wirtschaftlichen Fortschritt in eine Sündenbock-Rolle geraten.

VON DEN SCHWIERIGKEITEN DES ZUSAMMENLEBENS

Menschen sind nicht gleich – weder innerhalb eines »Volkes« noch außerhalb. Niemand wird behaupten, daß ein Mongole und ein Münchner gleich seien. Sie sind nur in zwei wesentlichen Punkten gleich: sie sind Menschen und haben deshalb beide gleiche Rechte. Das Recht auf Leben, das Recht auf Menschenwürde, das Recht auf eine eigene Religion, auf eigene Bräuche, eigene Speisen. Wenn nun ein Mongole, ein Türke, ein Sudanese oder sonst ein Mensch aus einem anderen Land plötzlich in Deutschland lebt, so ergibt das zunächst Schwierigkeiten. Vor allem für den Fremden oder die Fremde. Nahezu alle Menschen möchten am liebsten in ihrer Heimat leben. Wenn sie diese Heimat verlassen, dann hat das meist schwerwiegende Gründe. Sie haben fast immer nur zwei Ursachen – entweder werden diese Menschen in ihrer Heimat verfolgt oder sie sehen keine Möglichkeit sich eine lebenswerte Zukunft aufzubauen. Unzählige Europäer sind in den vergangenen Jahrhunderten genau aus diesem Grund ausgewandert, gingen nach Amerika, Südamerika, Afrika, Australien. Es sollte deshalb niemanden erstaunen, daß heute viele Menschen aus der »Dritten Welt«, aus Kriegsgebieten oder Diktaturen zu uns flüchten.

Es ist schwer, sich in einem neuen Land zurechtzufinden. Alles ist anders – das Klima, die Sprache, die Bräuche, die Speisen, die Menschen. Das macht Angst und diese Angst ist einer der Gründe, warum viele Fremde sich zurückziehen und unter sich bleiben. Dieses

MARTIN LUTHER KING:

»Ich habe einen Traum, daß meine vier kleinen Kinder eines Tages in einer Nation leben werden, in der man sie nicht nach ihrer Hautfarbe, sondern nach ihrem Charakter beurteilen wird. Ich habe einen Traum... Ich habe einen Traum, daß eines Tages in Alabama, mit seinen bösartigsten Rassisten, mit einem Gouverneur, von dessen Lippen Worte wie ›Intervention‹ und ›Annullierung der Rassenintegration‹ triefen... daß eines Tages genau dort in Alabama kleine schwarze Jungen und Mädchen die Hände schütteln mit kleinen weißen Jungen und Mädchen als Brüder und Schwestern.«
Aus der Ansprache vor dem Lincoln Memorial in Washington am 28. August 1963

Anklammern an Vertrautem gibt in der Fremde ein Stück Sicherheit. Und dieses Anklammern wird umso stärker, je feindlicher die neue Umgebung auf den oder die Fremde reagiert. Das geht allen Menschen gleich, ob sie nun Europäer oder Afrikaner, Türken oder Amerikaner sind. In dieser Situation der Unsicherheit gibt es unendlich viele Möglichkeiten aus denen wieder Haß entstehen kann. Mißverständnisse, Vorurteile, Verachtung, Benachteiligung von der Seite der Einheimischen, Rückzug, Abschottung, Mißtrauen auf der Seite der Fremden.

Es gibt aber ebenso unendlich viele Möglichkeiten, diese unheilvolle Entwicklung anders zu gestalten. Man könnte den Anderen auch mit Neugier begegnen, man könnte mit ihnen sprechen, Speisen austauschen, ihnen die Bräuche und Umgangsformen erklären, ihre Musik und ihre Geschichten hören und die eigenen dagegensetzen. Kinder machen das meist recht unbefangen – zumindest bis sie dem Grundschulalter entwachsen sind. Erst dann nämlich beginnen sie die Vorurteile der Erwachsenen zu übernehmen und Fremde mit Mißtrauen zu betrachten. Erst dann beginnt auch der Haß wirksam zu werden, den sie als Kinder erlitten haben und für den sie nun Opfer brauchen.

Solange aber die Erwachsenen ihren eigenen Haß nicht erkennen, solange sie gehorsam sind, abgespalten von ihren eigentlichen Gefühlen, solange werden sie sich von sogenannten »Führern« mißbrauchen lassen, die ebenfalls Haß predigen. Die einzige Möglichkeit, diesen unheilvollen Entwicklungen entgegenzuarbeiten ist die Verweigerung. Die Lichterketten gegen »Ausländerfeindlichkeit« in Deutschland waren ein Zeichen in dieser Richtung. Doch es ist relativ einfach, Kerzen anzuzünden. Schwieriger ist es, eine türkische oder afrikanische Familie als Nachbarn zu haben, oder in der U-Bahn einen Schwarzen gegen Beschimpfungen zu verteidigen. Doch genau darauf kommt es an.

SIEBEN ARGUMENTE
GEGEN AUSLÄNDERFEINDLICHKEIT

VORURTEIL 1
**Nirgends leben so viele
Ausländer, wie bei uns.**

In der Bundesrepublik (alte und neue Bundesländer) leben derzeit rund 5,8 Millionen Ausländer. Das sind ca. 7,3 Prozent der Gesamtbevölkerung.

Dieser im internationalen Vergleich angeblich so hohe Anteil ist bei näherer Betrachtung lediglich Durchschnitt:

● In anderen europäischen Ländern werden erheblich mehr „Ausländer" eingebürgert als bei uns. Sie erhalten die schwedische, französische oder britische Staatsbürgerschaft und gelten damit nicht mehr als Ausländer. Viele Algerier mit französischen oder Pakistanis mit englischen Pässen sind ein Beispiel dafür.

● Ein besonders krasser Unterschied: in der Bundesrepublik nimmt die Zahl der Ausländer pro Jahr schon durch Geburten um rund 80 000 zu. Die Kinder von Ausländern sind wieder „Ausländer". In Frankreich dagegen sind alle innerhalb der Landesgrenzen Geborenen automatisch Franzosen, ganz egal welche Nationalität ihre Eltern haben.

Doch obwohl die Statistiken nicht vergleichbar sind und der Ausländeranteil in der BRD relativ zu hoch ausgewiesen wird, liegt Deutschland keineswegs an der Spitze:

Ausländeranteil in Prozent der Gesamtbevölkerung:

Schweiz	16,4 Prozent
Belgien	8,6 Prozent
Deutschland	7,3 Prozent
Frankreich	7,3 Prozent
Schweden	6,0 Prozent

Überfremdungsängste sind irrational oder darauf gegründet, daß man Ausländer halt nicht mag. Ein gutes Beispiel dafür ist die Entwicklung in München: Hier ging die Zahl der Ausländer in den 80er Jahren von 220 000 (das waren 17 Prozent an der Münchner Bevölkerung im Jahr 1980) auf 202 000 (= 16 Prozent) im Jahr 1989 zurück. Trotzdem wurde während dieser Zeit in den Leserbriefseiten der Zeitungen ständig über zunehmende „Überschwemmung" und wachsendes „Ausländerproblem" gejammert.

Bundesweit nahm die Ausländerzahl in den 80er Jahren um nur etwa 400 000 zu. 1980 lag sie bei 4,45 Millionen. 1989 bei 4,85 Millionen. Erst ab 1989 beschleunigte sich die Zuwanderung wieder.

VORURTEIL 2
Die Scheinasylanten kommen.

Zunächst: In einem Land mit so vielen Fernsehern und Zeitungen weiß eigentlich jeder, daß der Zustand dieser Welt zu wünschen übrig läßt. Es gibt viele Fluchtgründe, nicht nur politische Verfolgung. Kriege, wirtschaftliche Zusammenbrüche im Osten, Verelendung in weiten Teilen der „Dritten Welt", Natur- und ökologische Katastrophen.

Alle diese Gründe sind massive Gründe. Sie haben nichts mit „Schein" oder Schmarotzertum zu tun.

Die Gesetze der Bundesrepublik sehen allerdings keine Einwanderung oder Aufnahme von Flüchtlingen vor. Ausnahme: politisch Verfolgte müssen nach Paragraph 16 Grundgesetz Asyl erhalten. Wer hierher flieht, hat also gar keine andere Wahl, als Asyl zu beantragen, um überhaupt die Grenze passieren zu können. So sind zum Beispiel Menschen, die vor dem Krieg in Jugoslawien nach Deutschland fliehen, dazu gezwungen Asylantrag zu stellen.

Immer wieder werden die niedrigen Anerkennungsquoten bei Asylverfahren in der Presse breitgetreten.

Fakt ist: 1990 wurden in der ersten Instanz 4,4 Prozent der Antragsteller anerkannt. Mit diesen Vier-Prozent-Zahlen wird Propaganda gemacht. Doch nicht einmal sie sind die ganze Wahrheit:

● In weiteren Instanzen werden vor den Verwaltungsgerichten nach allen Schätzungen noch einmal genausoviele Bewerber anerkannt wie in der ersten Instanz. In unserem Fall liegen wir damit bei einer Quote von nicht ganz 9 Prozent.

● Dazu kommt: Die Anerkennungspraxis ist willkürlich und restriktiv. 1992 ging der Fall eines Zirndorfer Richters durch die Presse, der in seinem Computer bereits vor der Verhandlung die Ablehnungsurteile eingetippt hatte.

Türkische Staatsbürger, die nach dem Militärputsch 1980 in die BRD kamen, wurden oft mit der Begründung abgelehnt, im Nato-Land Türkei gebe es keine politische Verfolgung. Eine offensichtlich absurde Behauptung.

● Aber auch von den abgelehnten Bewerbern müssen letztlich über die Hälfte als Flüchtlinge akzeptiert und aufgenommen werden. Der Grund: Entweder nach der Genfer Flüchtlingskonvention oder aus humanitären Gründen dürfen sie nicht abgeschoben werden, da sie beispielsweise aus Kriegs- oder Krisengebieten kommen.

Die angeblichen Asylbetrüger werden also vom internationalen Recht geschützt und anerkannt.

Daß die Flüchtlinge nicht aus Jux

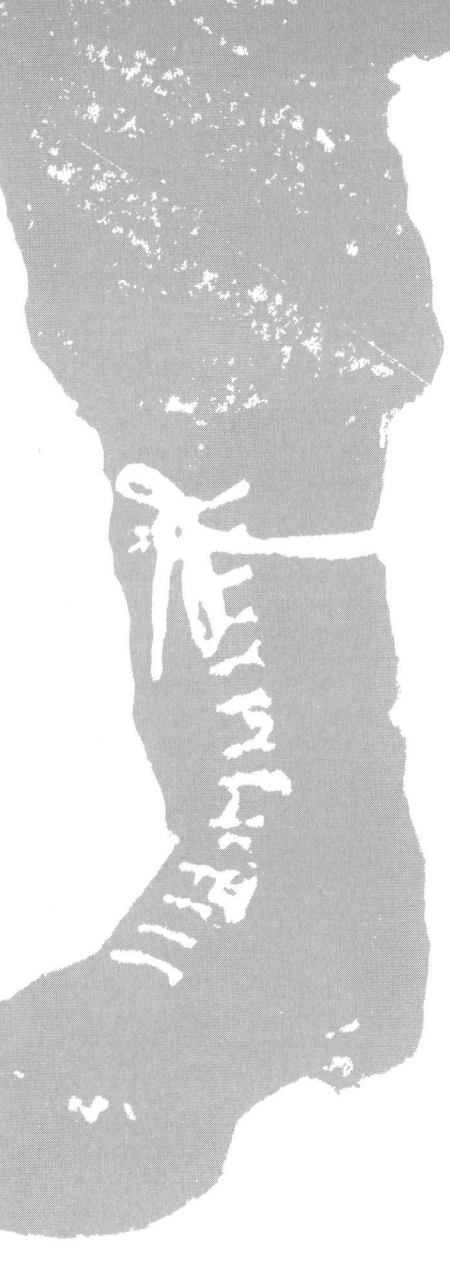

und Tollerei hierherkommen, zeigen schon ihre Herkunftsländer:

● In den letzten Jahren stammten die meisten aus Jugoslawien (Bürgerkrieg), der Türkei (Krieg gegen die Kurden, massive staatliche Unterdrückung der außerparlamentarischen linken Opposition) und Rumänien (wachsender Rassismus und Übergriffe gegen Roma). Auch aus den Bürgerkriegsländern Libanon und Sri Lanka kamen in den Jahren zuvor viele Asylbewerber.

VORURTEIL 3
Warum sollen gerade wir so viele „Asylanten" aufnehmen?

Derzeit gibt es nach UN-Schätzungen zwischen 17 und 20 Millionen Flüchtlinge weltweit. Diese Zahl ist sehr niedrig angesetzt. Andere Studien sprechen von 37 Millionen. Davon kamen 1991 rund 250 000 in die Bundesrepublik. Im Jahr zuvor waren es nicht ganz 200 000.

Die Schätzungen, wieviele Flüchtlinge sich insgesamt in der Bundesrepublik aufhalten, bewegen sich zwischen 500 000 und einer Million. Letzteres ist mit Sicherheit zu hoch gegriffen.

Das heißt: Die Bundesrepublik beherbergt realistisch gesehen zwei bis drei, bei einer Maximalrechnung rund vier Prozent der Welt-Flüchtlinge.

Das heißt auch: ärmere Länder als

die BRD nehmen viel mehr Menschen auf: In Pakistan leben über drei Millionen Afghanistanflüchtlinge!

Nicht zuletzt: Gerade weil die Bundesrepublik ein reiches Land ist, hat sie es leichter, Asylsuchende zu integrieren. Hier lassen sich die Mittel dazu eher finden als in Pakistan oder Kenia!

VORURTEIL 4
Die „Asylanten" nehmen uns die Wohnung weg.

Immer wieder werden in Artikeln der Sensationspresse und in Leserbriefen die Geschichten von den Asylanten, die in Luxuswohnungen einquartiert werden und eine Putzfrau zur Verfügung bekommen, breitgetreten.

Andererseits erfährt man aber aus den Medien, daß Flüchtlinge in Wohncontainern untergebracht werden, die keineswegs mit Schloß Neuschwanstein zu verwechseln sind.

Die Tatsachen:

● Flüchtlinge dürfen sich in den meisten Bundesländern keine freien Wohnungen suchen. Sie müssen in den ihnen zugewiesenen Unterkünften leben, die in der Regel alte halbverfallene Pensionen oder eben Containerlager sind.

● Falls Flüchtlinge Arbeit haben – seit einiger Zeit können sie Arbeitserlaubnis bekommen, was früher strikt verboten war – müssen sie für diese „Läusepensionen" oft noch hohe Mieten zahlen.

Es ist kein Einzelfall, wenn im Raum München eine vierköpfige Familie für ein 16 qm Zimmer 600 DM Monatsmiete zahlen muß.

Die Unterbringung mag in kleinen Gemeinden oft ein riesiges Problem sein. Für Großstädte stellt sich das anders.

So hat Berlin 1989 100 000 DDR-Flüchtlinge und Aussiedler aufgenommen. Die damals geschaffenen Plätze und Einrichtungen stehen den derzeit 9900 Asylbewerbern zur Verfügung.

VORURTEIL 5
Jeder „Asylant" bekommt 1000 Mark Sozialhilfe.

Flüchtlinge bekommen bestenfalls den üblichen Sozialhilfesatz von 483 DM pro Monat. In vielen Bundesländern wird dieser Satz noch einmal um 20 Prozent gekürzt. Die Begründung: Asylbewerber hätten nicht dieselben hohen Ansprüche ans Leben wie Deutsche.

In einigen anderen Bundesländern, wie z.B. in Bayern, erhalten die Flüchtlinge nur ein Taschengeld zwischen 70 und 90 DM pro Monat. Dafür wird die Verpflegung über Großküchen gestellt.

Die notorischen Verbreiter der diversen „Schmarotzergeschichten" sollten einmal versuchen, mit 90 DM im Monat auszukommen.

VORURTEIL 6
Die „Asylantenschwemme" ist nicht mehr finanzierbar.

Abenteuerliche Rechnungen werden auch über die gesamten Kosten des Asylrechts aufgemacht. Die CDU/CSU arbeitet neuerdings mit der Zahl von 12 bis 15 Milliarden angeblicher Kosten pro Jahr.

Eine Gegenrechnung:

Für Berlin kennen wir die exakten Zahlen: 1991 lagen die Ausgaben bei 95 Millionen. Wenn man nun davon ausgeht, daß ein Asylbewerber in München oder Hamburg auch nicht teurer ist als in Berlin und die Berliner Ausgaben auf die Gesamtzahl der Asylbewerber in der BRD umrechnet, erhält man Kosten von 4,5 Milliarden.

Dazu käme noch der Aufwand für einen Teil der geduldeten Flüchtlinge, also für diejenigen, deren Asyl zwar abgelehnt wurde, die aber aus den oben erwähnten Gründen vorübergehendes Bleiberecht erhalten müssen. Kosten verursachen Flüchtlinge mit Duldung allerdings nur dann, wenn sie keine Arbeit finden und auf Sozialhilfe angewiesen sind. Zahlen darüber existieren nicht.

Insgesamt führt uns das zu dem Ergebnis, daß rund 6 Milliarden DM finanzielle Belastung pro Jahr eine realistische Größe sind. Verglichen damit, daß immer noch gute 50 Milliarden für Militär und Rüstung ausgegeben werden, wohl nicht der Rede wert.

VORURTEIL 7
Die Ausländer sind kriminell.

Nicht nur den Flüchtlingen, auch den ausländischen Arbeitnehmern wird hartnäckig hohe Kriminalität nachgesagt.

Tatsächlich weisen die Statistiken eine höhere Ausländerkriminalität aus.

Allerdings: Diese Statistiken erfassen die Anzeigen, also die Tatverdächtigen, nicht die verurteilten Täter. Da bei der Polizei Ausländer in der Regel schneller verdächtig sind als Deutsche, sagt das nichts über das wirkliche Ausmaß der Straffälligkeit.

Dazu kommt:

Viele dieser Delikte sind Verstöße gegen das Ausländergesetz, die Deutsche logischerweise gar nicht begehen können. Ein typischer Verstoß: da Asylbewerber den Landkreis, in dem sie untergebracht sind, nicht verlassen dürfen, machen sie sich bei Überschreiten der Landkreisgrenze strafbar. Dieses Vergehen wird tatsächlich auch häufig festgestellt und geahndet.

Außerdem:

Ausländer haben eine andere Altersstruktur. Sie fallen stärker als Deutsche in das kriminalitätsintensive Alter zwischen 21 und 40. Berücksichtigt man diese Tatsache und die soziale Stellung, kommt zum Vorschein: Die Kriminalitätsraten gleichen sich an. Beispielsweise sind in Berlin lebende Türken zwischen 21 und 40 weniger oft straffällig, als Deutsche derselben Altersgruppe.

Aus: IG Medien Forum 1/1993

WAS KÖNNEN WIR GEGEN RASSISMUS, HASS UND GEWALT TUN?

1. Man darf nicht alles glauben, was man auf der Straße hört, in den Zeitungen liest, im Fernsehen sieht ... Deshalb sollte man sich und andere möglichst vielseitig informieren. Hierzu gibt es vielerlei Möglichkeiten:

- Berichte in verschiedenen Zeitungen vergleichen,
- Bücher lesen, über sie sprechen,
- Podiumsdiskussionen und andere Diskussionsveranstaltungen besuchen und organisieren,
- Filmvorführungen organisieren, über Filme informieren,
- in Initiativen, Kirchen-, Jugend- und sonstigen Gruppen das Thema behandeln, zum Beispiel durch Rollen- und Planspiele,
- Dichterlesungen (zum Beispiel mit ausländischen AutorInnen) veranstalten (Adressen über jeweilige Verlage),
- Gespräche mit Ausländern, Vertretern von ausländischen Vereinen, Initiativgruppen, Beratungsdiensten für Ausländer, Gewerkschaften, Wohlfahrtsverbänden ... führen, bzw. diese als Referenten für Veranstaltungen einladen,
- Seminarveranstaltungen/Tagungen zu aktuellen Themen organisieren und besuchen,

- Besuch von Ausstellungen zum Thema,
- Plakataktionen durchführen,
- Thematisierung der Problematik von Gewalt und Rassismus in Schul- und in Jugend- und Auszubildendenversammlungen.

2. Kontakte, Begegnungen und Freundschaften mit Ausländern sind eine gute Möglichkeit, Barrieren abzubauen, sich kennen und schätzen zu lernen, Wünsche und Probleme der anderen zu verstehen:

- Gespräche, Orte suchen, wo man ausländische Mitbürger kennenlernen kann,
- gegenseitige Einladungen und Besuche von Mitschülern, Arbeitskollegen, Nachbarn usw.,
- Einladung der Eltern ausländischer Klassenkameraden,
- Begleitung von Ausländern bei Behördengängen, Wohnungssuche,
- Organisation/Übernahme von Patenschaften für einzelne Ausländer, Familien, ausländische Jugendgruppen,
- Kontakte zu ausländischen Jugendgruppen suchen und halten, gemeinsame Aktivitäten planen und durchführen, sie bei ihren

Problem wie zum Beispiel Raumsuche unterstützen.,

- sich darum bemühen, daß ausländische Jugendliche in die Jugendgruppe oder Vereine kommen,
- gemeinsame Veranstaltungen/Feste mit Deutschen und Ausländern organisieren (z.B. Diskussions- und Informationsveranstaltungen, Stadtteil-, Karnevals-, Straßen-, Vereins-, Betriebsfeste ...),
- Kontakte zu ausländischen Vereinen und Beratungsstellen aufnehmen und deren Angebote/Veranstaltungen besuchen,
- Gemeinsame Ferien-Projekte organisieren.

3. Ausländer haben keine Lobby. Sie sind im politischen Willensbildungs- und Entscheidungsprozeß nicht miteinbezogen. Sie haben kein Wahlrecht. Sie werden lediglich geduldet, solange sie wirtschaftlich notwendig und rentabel sind. Sind sie es nicht mehr, so bemüht man sich kaum mehr um ihre menschenwürdige Behandlung. Wir können eine Lobby schaffen durch Informationen, Aufklärung, durch Öffentlichkeitsarbeit und Solidaritätsaktionen. Neben den unter 1. und 2. bereits genannten Möglichkeiten gibt es hierfür weitere Beispiele:

- Boykottaktionen gegen Gaststätten, Diskotheken und andere Einrichtungen, die keine Ausländer reinlassen bzw. diese nicht gleichberechtigt behandeln,
- eigene Zeitungen herstellen,
- Beschwerdebriefe schreiben,
- Aufrufe/Resolutionen/Petitionen zu aktuellen Themen, die Deutsche und Ausländer betreffen, verfassen oder unterstützen,
- Unterschriftensammlungen durchführen, z.B. für das Wahlrecht der Ausländer,
- Briefe an Politiker, Behörden, Kirchen, Gewerkschaften, Redakteure von Zeitungen und Fernsehsendungen, Journalisten (auch positive Briefe, wenn man z.B. eine Sendung oder einen Artikel besonders gut oder hilfreich empfand, können sehr wichtig sein),
- Artikel schreiben (z.B. für Schülerzeitungen, Gemeindeblatt, Vereinsrundbriefe) und gute Arbeiten anderer Autoren nach Genehmigung des Autors abdrucken,
- Kontakte zur Presse herstellen und halten und um eine bessere Berichterstattung bemüht sein,
- Leserbriefe schreiben.

Aus: Ralf-Erik Posselt/Klaus Schumacher, Projekthandbuch: Gewalt und Rassismus, Mülheim an der Ruhr, 1993

Dieses Literaturverzeichnis will nicht wissenschaftlichen Ansprüchen genügen, gibt also nicht alle verwendete Literatur und andere Quellen an. Es handelt sich vielmehr um Bücher, die uns während der Beschäftigung mit dem Thema als hilfreich und wichtig auffielen. Dabei handelt es sich nicht nur um Bände, die aktuellen Themenbezug haben, sondern auch um Werke, die zum Weiterlesen geeignet sind, die eine vertiefende Beschäftigung mit dem Thema Rassismus erlauben.

Arbeitskreis „Jugendarbeit und Rechtsextremismus", Aachen (Hsg.): *Jugendliche auf dem Weg nach rechtsaußen?* Duisburger Institut für Sprach- und Sozialforschung (DISS), 1990

Hannah Arendt, *Eichmann in Jerusalem*, Ein Bericht von der Banalität des Bösen, Rowohlt, Reinbek bei Hamburg, 1978

Otger Autrata, Gerrit Kaschuba, Rudolf Leiprecht, Cornelia Wolf (Hsg), *Theorien über Rassismus*, Argument Verlag, Hamburg/Berlin, 1989

Etienne Balibar, *Immanuel Wallerstein*, Rasse Klasse Nation. Ambivalenten Identitäten, Argument Verlag, Hamburg, 1992

Jörg Becker, Rosemarie Rauter (Hsg) *Die Dritte Welt im Kinderbuch*, Akademische Verlagsgesellschaft, Wiesbaden, 1978

Andreas Borchers, *Neue Nazis im Osten*, Rechtsradikalismus und Ausländerfeindlichkeit, Hintergründe, Fakten, Perspektiven, Heyne, München 1993

Die Brücke, Forum für antirassistische Politik und Kultur, Herausgeber: Gemeinnütziger Verein zur Förderung politischer, sozialer und kultureller Verständigung zwischen Mitbürgern deutscher und ausländischer Herkunft

Hans Christoph Buch, *Die Nähe und die Ferne*, Bausteine zu einer Poetik des kolonialen Blicks, Suhrkamp, Frankfurt, 1990

Christoph Butterwegge, Siegfried Jäger (Hsg.), *Rassismus in Europa*, Bund-Verlag, Köln, 1992

David Caute, *Frantz Fanon*, dtv, München 1970

Duisburger Institut für Sprach- und Sozialforschung (DISS), (Hsg.), *SchlagZeilen*, Rostock: Rassismus in den Medien, DISS-Skripten, Duisburg

Frantz Fanon, *Die Verdammten dieser Erde*, Rowohlt, Reinbek bei Hamburg, 1969

Andreas Foitzik, Rudi Leiprecht, Anthansios Marvakis, Uwe Seid (Hsg), *Eine Herrenvolk von Untertanen*, Rassismus, Nationalismus, Sexismus, DISS-Studien, Duisburg, 1992

Immanuel Geiss, *Geschichte des Rassismus*, Suhrkamp Verlag, Frankfurt, 1988

Stephen Jay Gould, *Der falsche vermessene Mensch*, Suhrkamp Verlag, Frankfurt, 1988

Arno Gruen, *Falsche Götter*, Über Liebe, Haß und die Schwierigkeiten des Friedens, dtv, München, 1993

Annemarie Hafner, Jürger Herzog, Sklave, Kuli, Lohnarbeiter, *Formierung und Kampf der Arbeiterklasse in Kolonien und national befreiten Ländern*. Ein historischer Abriß. Dietz Verlag, Berlin, 1988

Alex Haley (Hsg), *Malcolm X*, Die Autobiographie, Heyne, München, 1993

Manfred O. Hinz, Helgard Patemann, Armin Meier (Hsg), *Weiß auf Schwarz*, 100 Jahre Einmischung in Afrika, Elefanten Press, Berlin, 1984

Gudrun Honke, *Als die Weißen kamen*, Ruanda und die Deutschen, Peter Hammer Verlag, Wuppertal, 1990

Siegfried Jäger, *BrandSätze*, Rassismus im Alltag, DISS-Studien, Duisburger Institut für Sprach- und Sozialforschung, Duisburg, 1992

Siegfried und Margret Jäger, *Die Demokratiemaschine ächzt und kracht*, Zu den Ursachen des Rechtsextremismus in der BRD, Duisburger Institut für Sprach- und Sozialforschung, Duisburg, 1992

kultuRRevolution, Zeitschrift für angewandte Diskurstheorie, verschiedene Ausgaben, Herausgeber Jürgen Link/Ulla Link-Heer, Klartext-Verlag, Essen

Astrid Lange, *Was die Rechten lesen*, Fünfzig rechtsextreme Zeitschriften, Ziele, Inhalt, Taktik, Beck'sche Verlagsbuchhandlung, München, 1993

Rudolf Leiprecht, *... da baut sich ja in uns ein Haß auf ...* Zur subjektiven Funktionalität von Rassismus und Ethnozentrismus bei abhängig beschäftigten Jugendlichen, Argument Verlag, Hamburg/Berlin 1992

Rudolf Leiprecht (Hsg), *Unter Anderen*, Rassismus und Jugendarbeit, Duisburger Institut für Sprach- und Sozialforschung (DISS), Duisburg, 1992

Marie Lorbeer, Beate Wild (Hsg), *Menschenfresser, Negerküsse*, Das Bild vom Fremden im deutschen Alltag, Elefanten Press, Berlin, 1991

Martin Luther King, *Testament der Hoffnung*, Letzte Reden, Aufsätze und Predigten, Gütersloher Verlagshaus Gerd Mohn, Gütersloh, 1974

Henning Melber, *Der Weißheit letzter Schluß*, Rassismus und kolonialer Blick, Brandes & Apsel Verlag, Frankfurt, 1992

Peter Martin, *Das rebellische Eigentum*, Vom Kampf der Afroamerikaner gegen ihre Versklavung, Junius Verlag, Hamburg, 1985

Robert Miles, *Rassismus*, Einführung in die Geschichte und Theorie eines Begriffs, Argument Verlag, Hamburg/Berlin, 1992

Alexander Mitscherlich, *Die Unfähigkeit zu trauern*, Grundlagen kollektiven Verhaltens, Piper Verlag, München, 1967

George L. Mosse, *Rassismus*, Ein Krankheitssymptom in der europäischen Geschichte des 19. und 20. Jahrhunderts, Athenäum Verlag, Königstein, 1978

Katharina Oguntoye, May Opitz, Dagmar Schultz (Hsg), *Farbe bekennen*, Afro-deutsche Frauen auf den Spuren ihrer Geschichte, Orlanda Frauenverlag, Berlin, 1986

Irmgard Pinn, Michael Nebelung, *Vom „klassischen" zum aktuellen Rassismus in Deutschland*, Das Menschenbild der Bevölkerungstheorie und Bevölkerungspolitik, Duisburger Institut für Sprach- und Sozialforschung (DISS), Duisburg, 1992

Leon Poliakov, Christian Delacampagne, Patrick Girard, *Über den Rassismus*, Sechzehn Kapitel zur Anatomie, Geschichte und Deutung des Rassenwahns, Klett-Cotta, Stuttgart, 1979

Leon Poliakov, *Der arische Mythos*, Zu den Quellen von Rassismus und Nationalismus, Europaverlag, Wien/München/Zürich, 1977

Psyche, Zeitschrift für Psychoanalyse und ihre Anwendungen, Herausgegeben von Margarete Mitscherlich, Nr. 8, August 1992, Verlag Klett-Cotta, Stuttgart

Rassismus und Migration in Europa, Beiträge des Kongresses „Migration und Rassismus in Europa", Argument Verlag Hamburg/Berlin, 1992

Wilhelm Reich, *Die Messenpsychologie des Faschismus*, Kiepenheuer und Witsch, Köln/Berlin, 1971

Gerd Stein (Hsg), *Die edlen Wilden*, Die Verklärung von Indianern, Negern und Südseeinsulanern auf dem Hintergrund der kolonialen Greuel, Fischer Verlag, Frankfurt, 1884

Barbara Veit, Hans-Otto Wiebus, *Das Dritte Welt Buch*, Ravensburger Buchverlag, Ravensburg, 1988

Adressen von Organisationen, die zum Thema Gewalt und Rassismus gearbeitet haben und die mit Rat und Tat Hilfe geben:

Eberhaard De Haan
Arbeiterwohlfahrt Bundesverband e.V.
Oppelner Str. 130, 53119 Bonn

Arbeitsgruppe SOS-RASSISMUS
c/o Rali-Erik Posselt, Haus Villigst
Iserlohner Str. 25, 58239 Schwerte
Tel.: 0 23 04 / 75 51 90,
Fax: 0 23 04 / 75 52 48

Rudi Pahnke
**Ev. Akademie
Berlin-Brandenburg**
Tel.: 0 30 / 2 42 40 84

Dr. Koch
**Deutsche Stiftung für
Uno-Flüchtlingshilfe**
Wieslandstr. 4, 53173 Bonn

Dr. Wilfried Schubarth
**Deutsches Jugendinstitut
Außenstelle Leipzig**
Stallbaumstr. 9, 04155 Leipzig

Dr. Jürgen Micksch
**Evangelische Akademie
Tutzing**
Postfach 227, 82327 Tutzing

Prof. C. Rajewsky,
Adelheid Schmitz
FH Düsseldorf, Fachbereich 06
Universitätsstr. 1, 40225 Düsseldorf

Prof. Dr. Kurt Möller
**Fachhochschule für
Sozialwesen Esslingen**
Flandernstr. 101, 73732 Esslingen

Prof. Dr. Ute Osterkamp
**Freie Universität Berlin
Psychologisches Institut WE 3**
Habelschwerdter Allee 45,
14195 Berlin

Heidemarie Pandey
**IAF – Verband binationaler
Familien und Partnerschaften**
Mainzer Landstr. 147
60327 Frankfurt

Dr. Bernhard Schoßig
Institut für Jugendarbeit
Germeringstr. 30, 82131 Gauting

Annita Kalpaka/Nora Räthzel
**Institut für Migrations- und
Rassismusforschung**
Rutschbahn 38, 20146 Hamburg

Hans-Gerd Jaschke
Institut für Sozialforschung
Senckenberganlage 26
60325 Frankfurt

Dr. Franz J. Conrad
**Pax Christi – Internationale
Katholische Friedensbewegung**
Helgenstockstr. 27, 35394 Gießen

Heiko Kaufmann
**terre des hommes –
Hilfe für Kinder in Not**
Postfach 41 26, 49031 Osnabrück

Dr. Andreas Maisling
**Universität Innsbruck
Institut für Politikwissenschaften**
Innrain 100, A-6020 Innsbruck

Prof. Dr. Marianne Krüger-Potralz
Universität Münster –
Arbeitsstelle für
interkulturelle Studien
Georgskommende 26
48143 Münster

Dr. Yüksel Pazarkaya
WDR
Türkische Redaktion
Postfach 10 19 50
50459 Köln 1

Dr. Rudolf Leiprecht
Universtität Tübingen
Institut für Erziehungs-
wissenschaften
Holzmarkt 7
72070 Tübingen

Adressen für die Ausländer-, Antirassismus- und Flüchtlingsarbeit:

Amnesty International
Sektion der Bundesrepublik
Deutschland e.V.
Heerstr. 178
53111 Bonn
Tel.: 02 28 / 65 09 81

Amt des Hohen Flüchtlings-
kommissars der Vereinten
Nationen (UNHCR)
Rheinallee 6
53173 Bonn
Tel.: 02 28 / 36 40 11

Arbeiterwohlfahrt Bundesverband
Ollenhauerstr. 3
53113 Bonn
Tel.: 02 28 / 6 68 50

Arbeiterwohlfahrt –
Bundesverband e.V.
Referat Ausländische Flüchtlinge
Oppelner Straße 130
53119 Bonn

Arbeitskreis Asyl Rheinland-Pfalz
Bingerstr. 45
55218 Ingelheim am Rhein
Tel.: 0 61 32 / 70 65
Fax: 0 61 32 / 7 65 95

Arbeitskreis gegen Fremden-
feindlichkeit in den neuen
Bundesländern
c/o RAA e.V.
Schumannstr. 5
10117 Berlin

BUKO – Bundeskongreß
entwicklungspolitischer
Aktionsgruppen
Nernstweg 33-34
22765 Hamburg
Tel.: 0 40 / 39 31 56

Deutscher Caritasverband e.V.
Flüchtlings- und Aussiedlerhilfe
Lorenz-Werthmann-Haus
Karlstr. 40
79104 Freiburg/Breisgau
Tel.: 07 61 / 20 01

**Deutscher Paritätischer
Wohlfahrtsverband (DPWV)**
– Gesamtverband –
Heinrich-Hoffmann-Straße 3
60528 Frankfurt

**Diakonisches Werk der
Evangelischen Kirche
in Deutschland e.V.**
Stafflenbergstr. 76
70184 Stuttgart
Tel.: 07 11 / 21 59-0

**Evangelische Kirche im Rheinland
– Landeskirchenamt –**
Landeskirchenrat Jörn-Erik Gutheil
Hans-Böckler-Straße 7
40476 Düsseldorf,
Tel.: 02 11 / 45 62-0

**Evangelische Kirche von Westfalen
Amt für Jugendarbeit,
Haus Villigst**
Ralf-Erik Posselt
58239 Schwerte
Tel.: 0 23 04 / 75 51 90

Flüchtlingsrat NRW
Oststr. 37
40211 Düsseldorf
Tel.: 02 11 / 35 02 62

**Forum Buntes Deutschland –
SOS RASSISMUS**
Stralsunderweg 50
53119 Bonn

**Gesellschaft für bedrohte Völker –
Gemeinnütziger Verein e.V.**
Postfach 2024
37010 Göttingen
Tel.: 05 51 / 5 58 22

**Humanistische Union e.V.
Bundesgeschäftsstelle**
Bräuhausstr. 2
80331 München,
Tel.: 0 89 / 22 64 41

IDA e.V.
Charlottenstr. 55
40210 Düsseldorf
Tel.: 02 11 / 64 94 32

ID-Asyl
Obere Holtenerstr. 28
47167 Duisburg

IG Metall Vorstand, Abt. Jugend
Reinhard Hahn
Lyoner Str. 32
60528 Frankfurt
Tel.: 0 69 / 66 93 22 84

**Interessengemeinschaft der
mit Ausländern verheirateten
Frauen e.V. (IAF)**
Mainzer Landstr. 147
60327 Frankfurt

**Internationaler Sozialdienst –
Deutsche Zweigstelle e.V.**
Am Stockborn 5-7
60439 Frankfurt

Kirchenamt der EKD
Postfach 210220
30422 Hannover 21

**Komitee für Grundrechte
und Demokratie**
Postfach 1250
64702 Erbach

**Kommissariat der
deutschen Bischöfe**
Kaiser-Friedrichstr. 9
53113 Bonn

**Landesinstitut für
Schule und Weiterbildung**
Paradieser Weg 64
59494 Soest

Medico International
Obermainanlage 7
60314 Frankfurt
Tel.: 0 69 / 4 99 00 41

Medico International
Hanauer Landstr. 147-149
60314 Frankfurt
Tel.: 0 69 / 49 03 50

**Pax Christi – Internationale
Katholische Friedensbewegung**
Feststr. 9
61118 Bad Vilbel

Pro Asyl
Neue Schlesingergasse 22-24
60311 Frankfurt
Tel.: 0 69 / 29 31 60

**Pro Asyl und Ökumenischer
Vorbereitungsausschuß
zur Woche der ausländischen
Mitbürger**
Neue Schlesingergasse 22-24
60311 Frankfurt
Tel.: 0 69 / 29 31 60

RAA Hauptstelle
Heßlerstr. 208/210
45329 Essen
Tel.: 02 01 / 36 91 85

**Republikanischer Anwältinnen-
und Anwälteverein e.V.**
Ellernstr. 13
30175 Hannover
Tel.: 05 11 / 81 60 61

Rom e.V.
Bobstr. 68
50676 Köln

**Sekretariat der
Deutschen Bischofskonferenz**
Kaiserstr. 163
53113 Bonn

**Terre des Hommes Deutschland
e.V. – Inlandsreferat**
Ruppenkampstr. 11a
49084 Osnabrück
Tel.: 05 41 / 7 10 10

**Verband der Initiativgruppen in
der Ausländerarbeit – VIA e.V.**
– Bundesgeschäftsstelle –
Theaterstr. 10
53111 Bonn

**Zentrale Dokumentationsstelle
der Freien Wohlfahrtspflege für
Flüchtlinge e.V. (ZDWG)**
Hans-Böckler-Straße 3
53225 Bonn
Tel.: 02 28 / 46 20 47

**Zentralrat der Juden
in Deutschland**
Rüngsdorfer Straße 6
53173 Bonn
Tel.: 02 28 / 35 70 23

**Zentralrat Deutscher
Sinti und Roma**
Zwingelstr. 18
69117 Heidelberg

Psychosoziale Zentren für ausländische Flüchtlinge:

PSZ Düsseldorf
Graf-Adolf-Straße 102
40210 Düsseldorf
Tel.: 02 11 / 35 33 15

PSZ Köln
Norbertstr. 27
50670 Köln
Tel.: 02 21 / 13 73 78

PSZ Frankfurt
Hinter den Ulmen 15
60433 Frankfurt
Tel.: 0 69 / 52 00 81

PSZ Saarbrücken
Dudweiler Landstr. 153
66123 Saarbrücken
Tel.: 06 81 / 3 90 50 05

Quelle: Ralf-Erik Posselt/Klaus Schumacher: Projekthandbuch Gewalt und Rassismus

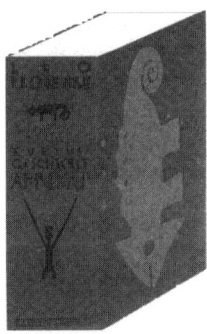